Willigis Jäger

Wiederkehr der Mystik

HERDER spektrum

Band 5399

Das Buch

Der mystische Weg in den Weltreligionen, auch im Christentum, ist der innere Erfahrungsweg, der heute von vielen Menschen gesucht wird. Es gab ihn zu allen Zeiten, doch heute wird er neu entdeckt. In diesem Buch stellt Williges Jäger ein kleines, praktisches Vademecum zusammen für alle, die sich auf diesem Weg befinden und nach Orientierung in der heutigen Zeit suchen. Der weltumspannende und Religionen übergreifende Reichtum spiritueller Erfahrung spiegelt sich in dem hier vorgelegten Leitfaden wider. Zugleich werden drängende Fragen auf dem Hintergrund des heutigen Weltverständnisses aufgegriffen, die auch in die Grenzbereiche von Naturwissenschaft und Mystik, Transpersonale Erfahrung, Religion oder Esoterik führen. Das Buch gibt Antwort auf alle Fragen, die sich auf dem mystischen Weg stellen. Eine unverzichtbare Hilfe für den Leser bei seinem Weg nach innen.

Der Autor

Willigis Jäger, geb. 1925, seit 1946 Benediktiner, gilt als einer der bedeutendsten spirituellen Lehrer unserer Zeit. Als Benediktinermönch ist er tief in der mystisch-kontemplativen Tradition des abendländischen Christentums verwurzelt. Als Zen-Meister, nach zwölf Jahren Zen-Training in Kamakura, Japan, ist er den radikalen Weg der östlichen Leere gegangen. Er gründete und leitete bis 2002 das Meditationszentrums *„St. Benedikt“* in Würzburg.

Willigis Jäger

Wiederkehr der Mystik

Das Ewige im Jetzt erfahren

HERDER
FREIBURG · BASEL · WIEN

Die Texte dieses Buches wurden zum Teil dem Band
„Suche nach dem Sinn des Lebens"
entnommen mit freundlicher Genehmigung des
Via nova Verlages, korrigiert und überarbeitet und ergänzt
durch aktuelle Beiträge.

Gedruckt auf umweltfreundlichem,
chlorfrei gebleichtem Papier

5. Auflage

Verlag Herder Freiburg im Breisgau 2005
www.herder.de
Satz: Dtp-Satzservice Peter Huber, Freiburg
Herstellung: fgb · freiburger graphische betriebe 2007
www.fgb.de
Umschlaggestaltung und Konzeption:
R · M · E München / Roland Eschlbeck, Liana Tuchel
Umschlagmotiv: © Eila Schrader-Buchholz
Erich Buchholz, platte blau, 1921
ISBN-13: 978-3-451-05399-3
ISBN-10: 3-451-05399-3

Inhalt

I. Mystik – das Erwachen des Göttlichen im Universum

1. Mystik ist immer und überall

Kakua, der erste Japaner, der Zen in China studierte, wurde nach seiner Rückkehr vom Kaiser in Japan eingeladen, alles vorzutragen, was er in China gelernt hatte. Kakua zog eine Flöte aus seiner Robe, blies eine kurze Note, verbeugte sich höflich und ging hinaus. (Reps S. 60)

Als Bodhidharma nach China kam und der fromme Kaiser Wu, der zahlreiche Tempel erbaut und Klöster eingerichtet hatte, ihn nach der höchsten Wahrheit fragte, antwortete er: „Leer, ohne Heiligkeit". Ihm werden auch die folgenden Zeilen über Zen zugeschrieben: „Eine besondere Überlieferung außerhalb der Schriften, unabhängig von Wort und Schriftzeichen: Unmittelbar auf des Menschen Herz zeigen, – die (eigene) Natur schauen und Buddha werden." (Dumoulin S. 83)

Hier sollte ein Zenlehrer aufhören zu reden. Obwohl das Dharma keine Verteidiger braucht und die Wahrheit nur im Dokusan-Raum erhärtet werden kann und nicht in Schriften, ist es doch immer wieder Aufgabe der Zenmeister, auch auf intellektueller Ebene zur Klärung beizutragen. Ich weiß, dass das am Ende nur schwer möglich ist und möchte mich daher an Shakyamuni Buddha halten, der 49 Jahre im Land herumgereist ist, um die Wahrheit zu verkünden, und am Ende sagte: „Ich habe kein Wort gesprochen."

Es gibt keine Lehre über Zen, auch keine buddhistische. Meister Yuansou meint mit Recht: „Es gibt keine Lehre für dich, um daran zu kauen oder sich darüber zu hocken. Wenn du nicht an dich selbst glaubst, nimmst du dein Bündel und machst die Runde vor anderer Leute Häuser, nach Zen und Tao zu suchen. Du suchst nach Mysterien, nach Wundern, nach Buddhas, nach Zen-Meistern und Lehrern. Du meinst, das sei Suchen nach dem Höchsten, und du machst es zu deiner Religion, aber das gleicht einem Rennen nach Osten, um etwas zu bekommen, was im Westen liegt." (Cleary, S. 138) Man kann daher auch niemand zum Zenlehrer ausbilden oder einfach zum Roshi ernennen. Wer das Koan Nummer 6 im Mumonkan passiert hat, weiß, dass nichts gegeben wird. Buddha hält eine Blume hoch. Wer die Wirklichkeit darin wirklich erfahren hat, kann eventuell eine Beauftragung erhalten.

Zen ist keine Religion. Daher gibt es auch kein christliches Zen und kein buddhistisches Zen. Und so gibt es auch keine buddhistischen Zenmeister, sondern nur Zenmeister, die Buddhisten sind, und eben auch Zenmeister, die Christen sind oder sich gar keiner Konfession zuzählen. Leider gibt es sowohl im Osten wie im Westen Zenlehrer, die noch tief in der Konfession stecken. Der fundamentale Unterschied in den Religionen verläuft nicht vertikal zwischen den einzelnen Bekenntnissen, sondern horizontal zwischen der esoterischen und exoterischen Ebene dieser Religionen.

Alle Religionen haben eine exoterische Seite, d. h. sie haben Bekenntnisse, Heilige Schriften, Rituale und Zeremonien. Die meisten Gläubigen bewegen sich auf dieser Ebene. Aber alle Religionen kennen auch einen spirituellen Weg, der über die Konfession hinausführt in die Erfahrung dessen, was die Lehren nur beschreiben können. Im Hinduismus ist es der Weg des Raja-Yoga, Krya-Yoga oder Patanjali, im Buddhismus sind es Zen und Vipassana, im Islam der Sufismus, im Judentum die Kabbala und im Christentum sind es die Wege der Mystik.

Gottheit, Satori, Unio mystica ist nur jenseits aller kognitiven Vorstellungen zu erreichen. Dieser Endzustand ist das reine Sosein im Hier und Jetzt und nicht ein abgehobener oder zukünftiger Zustand. Es gibt im Abendland eine „Sophia perennis", die sich vom Zen nicht wesentlich unterscheidet. Es ist eine ewige Weisheit, die eines Tages als das wahre Ziel einer jeden Religion erkannt werden wird. Die Menschen der Zukunft werden „Erwachte“ sein. Das tritt aber nur ein, wenn Zen und alle esoterischen Wege sich aus der Umklammerung der Konfessionen so weit befreien, dass zeitgemäße Interpretationen möglich sind. Zen spielt dabei eine wichtige Rolle.

Zen ist zwar eng mit der buddhistischen Religion verbunden, aber es transzendiert diese und jede Religion. Zen, Mystik und jeder wirkliche esoterische Weg, sei es Raja-Yoga, Krya-Yoga, Vipassana, die Wege der Sufis oder der Mystik, all das führt letztlich über die Konfession einer Religion hinaus.

Ein Drittes scheint mir von Bedeutung: Zen sollte im Westen den monastischen Charakter verlieren. Niemand muss sich die Haare scheren lassen oder ein buddhistisches Mönchsgewand anziehen, um Zazen zu üben. Man muss auch nicht alle Rituale, die im Laufe der Zeit in den Zenklöstern gewachsen sind, übernehmen. Der Hang zu äußeren Formen ist eine Anfängerkrankheit aller Konvertiten. Zen wird sich im Westen in seiner äußeren Struktur verändern, wie es sich auch verändert hat, als es dem taoistischen China begegnete. Sein Wesen wird sich nicht verfälschen lassen, auch nicht von Christen und Buddhisten. Das Dharma braucht keine Verteidiger.

Mein langer Aufenthalt in Japan und das Zentraining unter meinem Meister haben mich erkennen lassen, dass sich die religiösen Vorstellungen meiner buddhistischen Freunde genauso wandelten, wenn sie Zazen übten, wie die religiösen Vorstellungen meiner christlichen Freunde. Dem Anhänger des Amida-Buddhismus stand die gleiche Wandlung auf dem Zenweg bevor, wie dem Christen, der eine personale Gottesvorstellung hatte. „Töte Buddha und die Patriarchen, wenn sie dir begegnen“, heißt ein geflügeltes Zenwort. „Ich bitte Gott (Gottheit), dass er mich Gottes quitt mache“, formuliert Meister Eckhart und meint das Gleiche. Es geht immer um eine Erfahrung hinter allen Bildern und Vorstellungen. Wer den Zenweg wirklich bis zur Erfahrung geht, dessen religiöse Überzeugung hat sich so gewandelt, dass sie ihm nicht Hindernis sein wird. Er hat es auch nicht nötig, aus einer Konfession auszusteigen oder zu konvertieren. Man kann durchaus einer Konfession angehören und auch ihre Rituale praktizieren. Man kann auch ihre Lehre vertreten, aber sie wird dann aus der Erfahrung heraus interpretiert.

Nie darf man die konfessionelle Seite einer Religion mit dem Erfahrungsweg einer anderen Religion vergleichen, also nicht Christentum und Zen, sondern nur Mystik und Zen oder Buddhismus und Christentum. Bei allen großen Mystikern finden sich vergleichbare Hinweise auf die unaussprechbare Wirklichkeit, wenn auch in anderen Bildern und in anderer Sprache. Ob man die Erfahrungsberichte eines Parmenides liest, der fast ein griechischer Zeitgenosse Shakyamunis war, oder Plotinus (um 350 n. Chr.), der sich keiner Religion zuzählte, oder auch Eckhart, der fast ein Zeitgenosse Dogen Zenjis war, immer kann man die gleiche zeitlose Botschaft erkennen. Einige wenige Beispiele mögen das belegen.

Der Sufi Idries Shah dichtet: „Bis Schule und Minarett zerbröckeln, wird dies unser heiliges Werk nicht vollendet sein. Bis Glaube zur Verwerfung, Verwerfung zu Glaube wird, gibt es keinen wahren Muslim."

Kabir, der eine muselmanische Mutter hatte, aber von einem Brahmanen erzogen wurde, stand zwischen den beiden großen Religionen Islam und Hinduismus. Beide haben ihn bekämpft, beide haben allerdings nach seinem Tod um seinen Leichnam gestritten, weil sie ihn als Heiligen für sich haben wollten. Von Kabir stammt Folgendes:

„O, der du Mir dienst, wo suchst du Mich?
Siehe, Ich bin bei dir.
Ich bin weder im Tempel noch in der Moschee,
weder in der Kaaba noch auf dem Kailash.
Weder bin Ich in Riten und Zeremonien
noch in Yoga oder Entsagung.

Wenn du ein wahrhaft Suchender bist,
wirst du Mich sogleich sehen,
Mir begegnen im gleichen Augenblick.
Kabir sagt: O Sadhu!
Gott ist der Atem allen Atems.“ [1]

Aus den Formulierungen vieler Mystiker, die Christen waren, höre ich die gleiche Botschaft. Obwohl die theistischen Mystiker immer wieder von „Glaube“ und „Gott“ sprechen, meinen sie eine Wirklichkeit, die nur hinter diesen Worten zu finden ist. Dionysius, ein Mönch aus dem vierten Jahrhundert, schreibt: „Die erste Ursache von allem ist weder Sein noch Leben. Denn sie ist es ja gewesen, die Sein und Leben erst erschaffen hat. Die erste Ursache ist auch nicht Begriff oder Vernunft. Denn sie ist es ja gewesen, die Begriffe und Vernunft erschaffen. ... Und dennoch ist diese erste Ursache auch keine Macht. Denn sie ist es ja gewesen, die die Macht erst erschaffen hat.“

Zum Schluss möchte ich noch einen bedeutenden zeitgenössischen Zenmeister zu Wort kommen lassen: „Man muss Zen unabhängig von der Zenschule des Buddhismus verstehen. Zen gehört weder einschließlich noch ausschließlich zu der buddhistischen Zenschule. Ich halte Zen für die universale Wahrheit, die wahres Wissen und Frieden in das Leben der Menschen in der Welt bringt. Jede Religion und Kultur sollte Nutzen ziehen aus dem, was Zen an geistigem Wert anzubieten vermag.“ (Shibayama, S. 70) Aus diesem Zitat spricht echte Zenfreiheit, die ich manchem Konvertiten zum Buddhismus wünschen würde. Der wirklich religiöse Mensch ist nicht durch seine Konfession charakterisiert. Ein wirklich religiöser Mensch übersteigt sein Glaubensbekenntnis. Religion ist die Erfahrung des Göttlichen, der Leerheit, des Absoluten im Hier und Jetzt, im Sosein des Augenblicks. Religion ist die unmittelbare Wahrnehmung des Geschehens. Denn im Geschehen manifestiert sich die Ers-

[1] Kabir, Im Garten der Gottesliebe, Heidelberg 1984, S. 1.

te Wirklichkeit. Später kann man darüber nachdenken. Aber das ist nur ein Abklatsch der Erfahrung, eine Konserve, die man aufmacht.

Und was wollte Jesus? Wir haben im Neuen Testament eine breite Auswahl für unser Christusverständnis. Was wir von Jesus wissen, kommt aus dem Verstehenshorizont der Gemeinden, die von ihm gehört hatten und an ihn glaubten. In unserem neutestamentlichen Kanon sind nicht alle Gemeindetheologien aufgenommen. Wir müssen unser eigenes, zeitgemäßes Christusverständnis finden. Das Johannesevangelium lässt uns erkennen, dass Jesus eine innere Erfahrung Gottes predigte. Die Begebenheit am Jakobsbrunnen in Samaria zeigt das ganz klar. „Wenn du wüsstest, worin die Gabe Gottes besteht ... dann hättest du gebeten und er hätte dir lebendiges Wasser gegeben." (Joh 4,19) Wasser, wie auch Brot, ist bei Jesus ein Symbol für diese göttliche Wirklichkeit in uns. „Wer von dem Wasser trinkt, das ich ihm geben werde, wird niemals mehr Durst haben; vielmehr wird das Wasser, das ich ihm gebe, in ihm zur sprudelnden Quelle werden, deren Wasser ewiges Leben schenkt." (Joh 4,14) Mystik ist das Erwachen des Göttlichen im Universum. Jesus ist ein Meilenstein auf diesem Weg.

Jesus wird eingeführt mit den Worten: „Er kündete die Frohbotschaft vom Reich." (Mt 4.23) „Das Reich Gottes ist in euch." „Philippus, wer mich sieht, sieht den Vater." „Bevor Abraham ward, bin ich." Das sind Worte, die auf seine Einheitserfahrung mit dem Vater hindeuten. „Du musst wiedergeboren werden", erklärt er Nikodemus, „dann kannst du dein wahres Wesen erfahren." Wem diese Metanoia, diese Wende nach Innen, gelingt, der erfährt, dass er eins ist mit dem Urprinzip Gott und dass es sich in dieser Person offenbart. Jesus ist der Typus, an dem wir erkennen können, wer wir sind. Er hat diese Aussagen nirgendwo für sich allein in Anspruch genommen.

Vom Gipfel aus erkennt man, dass die verschiedenen spirituellen Wege nur verschiedene Aufstiegsrouten sind. Oben ist die wahre Religion zu finden. Das kann nur eine sein. Johannes vom Kreuz bezeichnet die Stufen des Aufstieges mit „Nada“ (Nichts). Und oben auf dem Berg: noch einmal „Nada“. Aber das Nichts ist nicht Nichts. Es ist der Hintergrund allen Seins und die wahre Einheit aller Religionen. Die Wendezeit für die Religionen ist angebrochen.

2. Der Mensch ist mehr als sein Intellekt

Wir sind viel mehr als unsere intellektuellen Überlegungen und viel mehr als unser Ich-Bewusstsein. Es gibt innere Räume, Ebenen, Welten, die kosmisches Ausmaß haben und alle rationalen Erkenntnisse übersteigen. Es gibt eine Metaerfahrung (mystische Erfahrung), die viel umfassender ist als alles, was Intellekt und Sinne uns begreiflich machen können. An solchen Erkenntnissen gemessen ist Wissenschaft ein „gigantisches Unternehmen von Unwissenheit“. Nichts lässt sich allerdings schwerer übersteigen als wissenschaftliche Ergebnisse, Überzeugungen und Systeme. Sie sind die hartnäckigsten Feinde jeder umfassenden Erkenntnis. Denn alles, was über das bisher wissenschaftlich Fundierte hinausführt und nicht mehr rational beweisbar ist, gilt für viele Zeitgenossen als irrational und wird abgelehnt. Nun sind zweifellos unsere wissenschaftlichen Erkenntnisse von größter Wichtigkeit, aber wir haben sie durch umfassendere Erfahrungen zu ergänzen und zu hinterfragen.

So stimmen z. B. die alten Theorien über unsere Gehirntätigkeit nicht mehr. Eccles, ein Naturwissenschaftler, dem für seine Gehirnforschung der Nobelpreis verliehen worden ist, sagt uns ganz klar, dass das Gehirn nicht die Ursache seiner Wahrnehmungen ist, d. h. unser Gehirn ist nicht der Produzent von Energien, sondern nur der Empfänger, der Impulse aufnimmt und in Daten umsetzt, die dann unser Ich-Bewusstsein begreifen kann. Die Energien selbst kommen aus einem nicht mehr messbaren Bereich, aus einer rein geistigen Ebene, die nur transrational erfahrbar ist.

Das Vordringen in höhere Bewusstseinszustände, die jenseits unserer rationalen Fähigkeit liegen, scheint für das Überleben der Menschheit von größter Wichtigkeit zu sein.[2] Immer mehr Menschen erkennen, dass sie ihrer Intuition zu folgen haben und sich auf den Weg machen müssen, um tiefere Erfahrungen zu gewinnen. Aber es gehört in unserer Gesellschaft immer noch ein gewisser Mut – um nicht zu sagen eine Portion Narrheit – dazu, sich auf einen solchen Weg zu begeben. Und doch erkennt mancher, dass es gefährlich ist für den Menschen, wenn wir weiterhin abgetrennt von unserem wahren Selbst zu leben versuchen.

3. Elektromagnetische Felder

Es gibt Strukturen, energetische Prozesse, die allen Formen des Lebens und der Materie zugrunde liegen. Diese Energiestrukturen sind unsichtbare Kraftfelder, nach denen sich das Sichtbare ordnet. Die Quantenphysik betrachtet heute selbst die kleinsten Bausteine der Materie nicht mehr als fest, sondern als Energiefelder. Sie stellen das Universum dar als ein dynamisches Gewebe. Was wir für feste Materie halten, ist ein Spannungsfeld von unterschiedlicher Dichte. Teilhard de Chardin sagt: „Konkret gibt es nicht Materie und Geist, vielmehr existiert nur die geistwerdende Materie: Der Stoff des Universums ist Geist-Materie." So gibt es auch nicht zwei Arten von Gesetzen: Materie und Geist, sondern nur ein durchgehendes Gesetz für beides. Materie ist der Bereich des Raumes, in dem das Feld extrem dicht ist. Einstein sagt: „In dieser neuen Physik ist kein Platz für beides: Feld und Materie; denn das Feld ist die einzige Realität."

[2] Vgl. C. Lilly, Das Zentrum des Zyklons, Fischer TB 1768.

4. Lebensfelder

Ein Wissenschaftler namens Harold Burr hat 40 Jahre lang die elektromagnetischen Felder erforscht, die letztlich alles Leben steuern. Sie lassen sich messen und nachprüfen. Er sagt uns, dass die Wunder der Natur weder eine komplexe Chemie noch eine mechanisch ablaufende Physiologie sind, sondern dass dahinter die ordnende Kraft magnetischer Felder steht.

„Solche Felder sind unberührbar und unsichtbar, aber messbar. Eisenspäne, die auf einem Stück Papier zerstreut über einen Magneten gehalten werden, richten sich nach dem Muster der Kraftlinien dieses Magnetfeldes aus. Wenn die Späne durcheinander gebracht werden und neu auf dem Papier verstreut zu liegen kommen, bilden sie das gleiche Muster wie vorher, wenn man sie wieder über den Magnet hält. Etwas Ähnliches bewirken die mikromagnetischen Felder, nur ist der Vorgang viel differenzierter. Burr nennt sie Lebensfelder (L-Felder). Diese L-Felder gestalten alles Leben. Die Forschung sagt, dass die Eiweißmoleküle unseres Körpers – und sie machen unseren Körper vor allem aus – sich jedes halbe Jahr erneuern. Nach einem halben Jahr sind wir nicht mehr die gleichen. Nur dank der steuernden L-Felder sind wir für unsere Mitmenschen noch als die gleichen zu erkennen."[3]

5. Wir sind keine Monaden

Man hat eine Ulme und einen Ahornbaum lange Jahre mit einem Spannungsmessgerät beobachtet. Die Aufzeichnungen ergaben, dass sich das L-Feld durch Tageslicht, Dunkelheit, Mondzyklen und Sonnenflecken verändert. Auf das komplexe L-Feld des Menschen sind diese Einflüsse noch weit stärker.

---

[3] Vgl. Harald Burr, Elektrische Felder des Lebens, in: Lesebuch zu bedrängenden Fragen unserer Zeit II/85, Hrsg. E. Naudascher, Karlsruhe.

Wir sind also Teil des Universums und nicht Monaden. Diese Lebensfelder übersteigen die Gesetze der Chemie und Physik. Sie zwingen Atome und Moleküle eines Körpers in seine Ordnung. Nach dem Tod bricht diese Ordnung zusammen, und der Körper zerfällt nach anderen Gesetzen. Die L-Felder lassen letztlich die Formen entstehen. Wir sind nicht ein chemisch-physikalischer Ablauf, wir sind zuerst eine Metastruktur, nach der unser Körper und unsere Psyche sich gestalten. Dass aus einer Eizelle nicht wieder eine Eizelle und wieder eine Eizelle wird, sondern ein Mensch, bewirkt das Lebensfeld. Die übergreifende Organisation der L-Felder ist für Aufbau und Ablauf unserer Existenz verantwortlich. Je offener wir werden zu diesen Metaeinflüssen hin, um so mehr erfassen wir das Ganze, um so mehr entfalten wir alle Möglichkeiten unserer Existenz.

Die Genforschung hat zu diesem Thema einige interessante Erkenntnisse gebracht. Gene prägen auch unsere Weltsicht und unsere religiöse Einstellung. Aber Gene sind keine deterministische Anlage, die von vornherein einen Menschen zum Verbrecher oder zum Heiligen machen. Die Erbanlagen sind zwar mitentscheidend für Gesundheit und Krankheit und auch für Charakter und Verhalten, aber neueste Erkenntnisse sagen uns, dass unsere Gene uns nicht autonom bestimmen. Einflüsse, die von innen und außen kommen, verändern uns entscheidend. Psychische und geistige Impulse beeinflussen uns. Es gibt so etwas wie eine Gen-Regulation. Gene werden durch Signale aus der Umwelt ständig gelenkt und reguliert. Mit anderen Worten: Sie sind nicht schicksalsbestimmend. Feindseligkeit, Aggression, Wut, aber auch Zuwendung, Liebe und Sinn für Gemeinschaft beeinflussen ununterbrochen die Nervenwachstumsfaktoren. Sie führen zur Vermehrung von Nervenzellen in der Großhirnrinde und zu neuen Verschaltungen in Form von Synapsen. Wenn das aber so ist, dann spielen spirituelle Wege eine wichtige Rolle für uns alle. Sie führen in die Tiefe und öffnen uns die eine Wirklichkeit. Nicht die Reihenfolge der Gene bestimmt Aussehen und Gesundheit, sondern auch die Nahrung, unsere psychisch-geistige Verfassung. Entscheidend ist, welche Gene tatsächlich benutzt werden. Viele Kapitel im Buch des Lebens bleiben ungelesen, weil wir sie nicht aufschlagen. Die Molekularbiologie sagt uns, dass sich unsere Gedanken und Gefühle materialisieren. Sie verändern unsere Psyche. Es ist nicht gleichgültig, mit was wir uns befassen, was wir denken oder fühlen.

Sogar Krankheiten besitzen eine psychosomatische Komponente. Unsere Gefühle sind aufs Engste mit unserem körperlichen Befinden verbunden. Die Verbindung zwischen Körper und Geist wird durch die Gefühle hergestellt. Das führt zu einem ganz neue Verständnis von Gesundheit und Krankheit. Wir können uns diese Zusammenhänge zu Nutze machen.

6. Morphogenetische Felder

Die Physik und die Biologie, ja die ganze Naturwissenschaft war bislang auf ein mechanistisches Paradigma eingeschworen. Man nahm an, dass unser Universum bestimmten unwandelbaren und zeitlosen Gesetzen folgt. Diese Ansicht wurde in den letzten Jahrzehnten erschüttert. Wie entstehen die verschiedenen Formen des Lebens? Warum und wie entwickelt sich aus einem Ei ein Lebewesen, aus einem Samen eine Pflanze? Die Biologie versuchte, den Prozess der Entstehung von Formen mechanistisch zu erklären. Für sie gibt es nur chemische und physikalische Interaktionen und Abläufe. Aber wir können dadurch nur erfahren, *was* geschieht. Wo der letzte Grund liegt, konnte uns die mechanistische Auffassung nicht sagen. Warum entstehen z. B. unsere Arme und Beine gerade in dieser bestimmten Form? Chemische Substanzen und Reaktionen erklären noch nicht die Form, die daraus wird. Wenn ein Architekt Steine, Mörtel und Holz eines Gebäudes analysiert, weiß er noch nichts über dessen Struktur. Mit den gleichen Ziegeln, dem gleichen Mörtel und dem gleichen Holz kann auch ein ganz anderes Gebäude errichtet werden.

Organismen haben unsichtbare Felder, die ihre Formen bestimmen. Die Entwicklung eines Eies wird nicht von chemischen Abläufen gesteuert, sondern von diesen Metafeldern, die man weder sehen noch messen kann. Wenn z. B. das Ei einer Libelle in der Mitte abgebunden wird, entsteht in der abgebundenen Hälfte nicht ein Teil des Organismus, sondern die ganze Libelle. Schneidet man ein Stück von einer Weide ab und steckt es in den Boden, so entsteht eine neue Weide. Der Teil kann ein neues Ganzes hervorbringen. Das Ganze ist mehr als die Summe seiner Teile. Das morphogenetische Feld wird nicht zerstört, es ist in jedem Teil vorhanden. Morphogenetische Felder nennt Sheldrake diese Metastrukturen, die den Lebewesen letztlich ihre Form geben. Er schreibt: „Die morphogenetischen Felder prägen und steuern die gesamte belebte und unbelebte Schöpfung. Und obwohl die Felder frei von Materie und Energie sind, wirken sie doch über Raum und Zeit und können auch über Raum und Zeit hinweg verändert werden. Eignet sich ein Angehöriger einer biologischen Gattung ein neues Verhalten an, wird sein morphogenetisches Feld verändert. Behält er sein neues Verhalten lange genug bei, beeinflusst die morphische Resonanz eine Wechselwirkung zwischen allen Angehörigen der gesamten Gattung. Die morphogenetischen Felder sind die eigentliche Ursache für die Ordnung, Regelmäßigkeit und Konstanz des Universums – können aber auch gänzlich neue Verhaltensweisen und Verhaltensformen zulassen.[4] Wir sind also in erster Linie nicht physiologische und biologische Wesen, sondern Wesen mit einer geistigen Grundstruktur. Aber nicht nur der Gesamtorganismus hat ein morphogenetisches Feld, sondern selbst die Moleküle und Atome, so dass ein Körper sich aus verschiedenen morphogenen Strukturen zusammensetzt. Das, was wir Universum nennen, ist wohl nichts anderes als die umfassende morphogenetische Struktur alles Existierenden.

---

[4] Rupert Sheldrake, Das Schöpferische Universum, Goldmann TB 14014, Vorwort.

7. Konsequenzen

Aufgrund des weltweiten Einflusses, den diese Felder haben, liegt es nahe anzunehmen, dass auch unser Sitzen im Zen oder unsere Kontemplation einen starken Einfluss auf diese Metastrukturen hat, d.h. wir ändern den Menschen, die Gesellschaft und die Welt durch unser Sitzen, indem wir uns selbst ändern. Wer sich auf einen der esoterischen Wege der großen Religionen einlässt, leistet die eigentliche Arbeit für die Bewusstseinsveränderung in unserer Welt.

Die Mystik war sich darüber schon immer klar. Wer sich in die Präsenz Gottes gibt, dessen stummes Gebet ist weit stärker und wirkt weit mehr als viele Worte. Er (Sie) schließt sich gleichsam an das Kraftfeld Gottes an und wird zum Energieleiter für andere. Wir haben zu lernen, für diese göttliche Energiequelle offen zu werden, an die jeder von uns angeschlossen ist.

Gott wirkt über seine Schöpfungsordnung. Schöpfung und Erlösung tragen nicht verschiedene Strukturen. Alles ist im Originalplan festgelegt. Wenn wir in die Metastruktur Mensch vordringen und noch weiter in das, was wir das göttliche Leben in uns nennen, verwandeln wir die Welt. Wir verwandeln sie nicht aus eigener Kraft, sondern aus der Kraft des Göttlichen, für das wir uns öffnen. Es wirkt dann in uns und durch uns. Je ungehinderter es das tun kann, je mehr können wir Gott zulassen. Eckhart würde sagen: Je mehr wir ihm aus dem Wege gehen –, desto stärker die Wirkung. Gott möchte sich in uns und in der Welt ausformen. Das ist wohl gemeint, wenn wir von der Ebenbildlichkeit des Menschen sprechen.

Es geht im Zen und in der Kontemplation um ein Öffnen nach allen Seiten. Wir bauen gleichsam Bewusstsein auf, ja es gibt so etwas wie eine Akkumulation von Bewusstsein. Wenn viele Menschen sich in die gleiche Richtung hin öffnen, entwickelt sich offensichtlich eine starke Kraft. Dann kann es zu dem kommen, was man einen Bewusstseinssprung nennt, d.h. andere Menschen werden von uns beeinflusst, ohne dass sie in physischem Kontakt mit uns stehen. Warum sollte das Göttliche nicht auf diese Art und Weise wirken – als Metastruktur unserer Welt? Man kann sich vorstellen, dass über diese Felder auch das, was wir Christen Gnade nennen, effektiv wird.

II. Transpersonale Erfahrung

1. Entfaltung des menschlichen Bewusstseins

Sollte es einen Urknall gegeben haben, dann war Bewusstsein bereits in den Anfang integriert. Es hat sich offenbar im Laufe von Jahrmillionen entfaltet und wird sich noch weiter entfalten. Im Menschen ist es zu einer Höhe herangereift, die eine alles Begreifen übersteigende Erfahrung möglich macht. Wir nennen diese Erfahrung transpersonal oder mystisch. Manchmal sprechen wir auch von einer vierten Dimension des Bewusstseins. Das menschliche Bewusstsein kann hinter die Aktivität des Tagesbewusstseins schauen. Es kann mit dem Grund eins werden, aus dem alles entsteht. Der Mensch kann sein persönliches Bewusstsein transzendieren und einer kosmischen Einheit innewerden, die wir in der traditionellen religiösen Sprache „Gott", „das Absolute" oder „das Numinose" nennen. Es ist offensichtlich der Seinsgrund des Menschen. Solange er von diesem Grund abgespalten ist, kann er seinem Leben keinen Sinn geben. Errettung oder Erlösung ist also die Überwindung dieser illusionären Trennung, der unser Ichbewusstsein ständig verfällt.

Wir haben uns zu öffnen und in die nächste Dimension des Bewusstseins hineinzuwachsen. Der Geist kehrt zu sich selbst zurück in der Evolution des Kosmos. Unser intellektuelles Bewusstsein ist nur ein Zwischenstadium. Der Weg der Kontemplation, des Zen oder des Yoga soll uns helfen, in diese nächste Bewusstseinsstufe hineinzuwachsen. Auch die Religionen haben ihren intellektuell-dogmatischen Anteil zu transzendieren und den Menschen in die Erfahrung des transpersonalen Göttlichen zu führen.

Die Geschichte des Menschen ist eine Geschichte der Entfaltung von der Amöbe über das Reptil zum Affen und zum Menschen, also offensichtlich eine Bewegung vom Niederen zum Höheren, gleichzeitig eine Entfaltung unseres Bewusstseins und – damit verbunden – auch unseres religiösen Selbstverständnisses. Wir sind als Menschen aus einer prämentalen Zeit in das mentale Zeitalter eingestiegen. Dazwischen liegt das Zeitalter des magischen und mythischen Bewusstseins. Warum sollte die Entwicklung nicht weitergehen und das, was manche Heilige und Mystiker ahnen, nämlich dass der Mensch im transmentalen Bewusstsein seine nächste Entwicklungsstufe hat, nicht tatsächlich stimmen? Wir scheinen etwa in der Mitte unseres Weges zum vollen und ganzen Menschen zu stehen. Gerade da sind wir besonders gefährdet. Nicht mehr Tier, haben wir doch noch nicht unsere volle Reife erlangt, nämlich jene mystische Dimension des Bewusstseins, in der offensichtlich die Zukunft des Menschen liegt. Bis wir dort angekommen sind, befinden wir uns in einem eher tragischen Stadium, wie die augenblickliche Situation unserer Welt beweist.

2. Stufen des Bewusstseins

Der Mystiker verkörpert die höchste Stufe, die ein Mensch innerhalb einer Religion erreichen kann. Er ist also gleichsam das Ziel des religiösen Lebens und – ich wage zu sagen – gleichzeitig auch das Ziel der Evolution, das Ziel des Menschwerdungsprozesses. Immer mehr Menschen scheinen sich diesem Ziel zu nähern und es auch zu erreichen.

Daher ist es ein Gebot der Zeit, dass sich auch die westlichen Religionen mit der Frage nach der Mystik befassen. Während im Osten die mystische Erfahrung immer Mitte und Ziel der Religionen war, konnten sich mystische Strömungen im Westen meist nicht frei entfalten, weshalb sie sich dann oft außerhalb der organisierten Kirchen und Bekenntnisse ansiedelten.

Im Großen und Ganzen unterscheidet man heute vier Stufen des Bewusstseins:[5]

a) Vorrationale Stufe (vorpersonal):

Es ist die Stufe der Körper- und Sinneswahrnehmung, der Emotionen, einfacher, bildhafter und symbolischer Erkenntnisse und mythischer Vorstellungen, jedoch ohne klare rationale Erkenntnis.

b) Rationale Stufe (personal):

Damit ist die Stufe der Ichebene, des Tagesbewusstseins, klarer rationaler Vorstellungen und logischer Denkvorgänge gemeint. Die höchste Ebene auf dieser Stufe stellt die integrale Persönlichkeit dar, die Schatten und Persona integriert hat. Es ist auch die Stufe der theologischen Auseinandersetzung mit Gott.

c) Transpersonale Stufe (transpersonal):

Diese Stufe wird noch einmal unterteilt in zwei Ebenen:

Die feinstoffliche Ebene: Hierher gehören parapsychologische Erscheinungsformen, Visionen, Prophetie, Sprachengabe.

Diese Ebene schließt sich an die personale Stufe an. Das Auge des Schauens wird langsam geöffnet. Es wird auch manches erfahren, was wir paranormal nennen, was also nicht jedem Menschen ohne weiteres zugänglich ist. Das Schauen ist aber noch nicht formlos, radikal das Bildhafte übersteigernd. Die Einsichten werden vielmehr in ganz bestimmten Strukturen und Symbolen erfahren.

Ferner die kausale Ebene: Hier wird Einheitserfahrung mit dem Objekt der Religionen möglich, mit dem personalen Gott, Purusha, Brahman, Jahwe, Allah.

---

[5] Vgl. K. Wilber, Halbzeit der Evolution, München 1984.

d) Kosmisches Bewusstsein:
Diese Stufe wird bezeichnet mit den Worten Leere, Gottheit, Sunyata, Tathagata, Grund. Hier erfährt der Mensch das reine Sein, den Ursprung, aus dem alles kommt. Es ist die Stufe, die allem, was entstehen kann, vorausliegt. Gleichzeitig wird auch erfahren, dass das Sein nichts anderes ist als das, was daraus entsteht: „Leere ist Form, Form ist Leere". Natur und Übernatur sind Nicht-Zwei. Im Zen ist es die Stufe, in der der Erleuchtete auf den Markt zurückkehrt. Alle Dinge sind eins und bleiben doch voneinander getrennt. Bewusstsein wird erfahren als der eigentliche Weltprozess, der nichts ausschließt. Diese Erfahrung verändert nicht die Welt, sondern die Sicht der Welt. Da aber eine neue Sicht der Welt die Persönlichkeit verändert, verändert sich letztendlich auch die Welt.

3. Namen für die letzte Wirklichkeit

Die esoterischen Wege der einzelnen Religionen, die Stufe für Stufe zur Erfahrung führen können, werden verschieden benannt. Im Mahayana-Buddhismus sind es die Wege der Tibeter oder der Weg des Zen (Shikantaza-Koan), im Hinduismus sind es die verschiedenen Formen des Yoga, im Islam die des Sufismus, im Judentum die Lehre der Kabbala und im Christentum die Kontemplation. Alle können bis zur letzten Stufe führen, in das kosmische Bewusstsein, die „visio beatifica". Es braucht dazu aber einen Begleiter, der den Weg selbst gegangen ist.

Religion ist begründet in der Offenbarung Gottes.
Diese Offenbarung hat zwei Aspekte:
Sie geschieht im reinen Bewusstsein des Menschen.
Sie ist formlos, vorsprachlich und vorkultisch.

Die im reinen Bewusstsein erfahrene Offenbarung ist ewig gleichbleibend. Leibniz hat dafür das Wort „philosophia perennis" geprägt. Die Erfahrung der letzten Wirklichkeit lässt sich nicht adäquat ausdrücken. Der Mensch hat sich zu bemühen, selbst in die Erfahrung einzutreten. Religiöse Sprache und Riten sollen Führer und Begleiter auf dem Weg sein.

Mit der Offenbarung ist es wie mit der Musik. Musik kann man nur hörend erfassen. Wenn sie schriftlich mitgeteilt werden soll, muss sie niedergeschrieben werden als Partitur. Formsprache und Kult einer Religion gleichen der Partitur. Das Geoffenbarte ist die Musik. Wie eine Partitur in ganz verschiedenen Notensystemen aufgezeichnet sein kann und die Musik doch die gleiche bleibt, so ist das Geoffenbarte, das in der Musik erfahren wird, immer das gleiche. Die „Musik" klingt immer und ewig gleich. Trotz aller Religionskriege haben die wahrhaft Weisen um diese Einheit der Erfahrung des Göttlichen gewusst. Alle Partituren sind Aufzeichnungen der gleichen Musik.

Religionen haben also ihren eigentlichen Quellgrund in der mystischen Erfahrung. Dieser Ausgangspunkt, von den Weisen verschieden benannt, ist vorverbal, gestaltlos, formlos, symbollos und wortlos. Gestalt, Form, Wort, Symbol, Parabel und Glaubenslehre gehören zum Nachher.

Wenn sich das Geoffenbarte in Form oder Kultsprache einer Religion ausdrückt, nimmt es Ausdrucksform und Sprache des betreffenden Volkes an. So müssen Religionen notgedrungen verschieden sein, weil Völker, Brauchtum und Zeit verschieden sind. Auch in den so genannten Offenbarungsreligionen (Judentum, Christentum und Islam) geschieht Offenbarung im vorsprachlichen Raum. Warum sollte es bei Jesus, von dem wir glauben, dass er ganz Mensch war, anders gewesen sein? Auch seine Verbalisierung der Botschaft von Gott musste sich in einer ganz bestimmten Form niederschlagen, wenn er die Menschen erreichen wollte.

Wie ein erleuchteter Mensch seine Erfahrung ausdrückt, hängt ab von seinem Bildungsstand, seiner Religion, dem Kulturkreis und der Zeit, in der er lebt. So verbalisierte z. B. Parmenides im fünften Jahrhundert vor Christus seine Erfahrung ganz anders als Plotinus, der nach Christus lebte, ein Zenmeister der klassischen Zenzeit in China anders als Patanjali und die Upanishaden oder Eckhart und Johannes vom Kreuz. Sie kommen alle aus der gleichen Seinserfahrung, die sich aber aufgrund der Unterschiede von Zeit, Kultur, Bildung und religiöser Beheimatung dieser Menschen ganz verschieden artikuliert hat. Die Erfahrung im reinen Bewusstsein konkretisiert sich in den darunter liegenden Schichten des Bewusstseins. Ein Beispiel: Moses hatte zuerst seine Erleuchtungserfahrung am brennenden Dornbusch. Dann erst kam ihm die Frage nach der Bezeichnung des Erfahrenen. Er gab ihm schließlich den Namen: „Ich bin, der Ich-bin!“ (Ex 3,14)

Jesus, der wohl immer in der Seinseinheit mit der letzten Wirklichkeit gelebt hat, gab dieser erfahrenen Wirklichkeit Namen wie „Vater“, „Reich Gottes“ oder „ewiges Leben“. Er hat sich nächtelang in die Einheitserfahrung mit dem Göttlichen zurückgezogen. Als er dann vom Berg herunterstieg, schenkte er den Menschen das „Vater unser“, die „Acht Seligpreisungen“ und seine Parabeln. Aber das waren bereits Ausformungen seiner Einheitserfahrung. In den Abschiedsreden drückte er sie so aus: „Wer mich gesehen hat, hat den Vater gesehen“ (Joh 14,9) oder: „Ehe Abraham ward, bin ich.“ (Joh 8,38)

4. Die andere Anthropologie des Jesus von Nazareth

Wer war Jesus? Wir wissen nicht viel von ihm. Suchende Menschen hörten von ihm und seinem Wirken und schöpften aus seiner Lehre Deutung und Kraft für ihr Leben. Was der Bericht, der einem angeblichen Jünger von ihm namens Johannes zugeschrieben wird, von ihm und von uns sagt, ist revolutionierend. Da steht z. B.: „Die Herrlichkeit, die du mir gegeben hast, habe ich ihnen gegeben.“ (Joh 17,20ff) Und dann heißt es weiter: „Wie du, Vater, in mir bist und ich in dir bin, sollen auch sie in uns sein." „Sie sollen eins sein, wie wir eins sind, ich in ihnen und du in mir. So sollen sie vollendet sein in der Einheit." – „Sie sollen meine Herrlichkeit sehen, die du mir gegeben hast, weil du mich schon geliebt hast vor der Erschaffung der Welt." – Worte führen uns ins Begreifen und sie können uns das Begreifen verstellen. Oft ist es die Auslegung der religiösen Sprache, die uns das Begreifen verstellt. Ich will einfach sagen, in welcher Weise mir diese Worte Lebenshilfe geben.

Gott nennen wir „Vater", Jesus nennen wir „Sohn", wir nennen uns „Kinder Gottes". Was steht hinter diesen Metaphern? Gibt uns unsere christliche Religion, geben uns die genannten Begriffe Antwort auf diese Fragen: Was ist Gott, wer war Jesus, wer bin ich? Wer war Jesus? Können wir an Jesus ablesen, wer wir sind? Jesus ist der Typus des Menschen schlechthin. Er ist das Modell, an dem wir erkennen können, wer wir sind.

Er war ganz Mensch und er war ganz Gott, sagen wir als Christen. Er war ganz Mensch, das ist einleuchtend, aber was heißt: Er war ganz Gott? Wir sind ganz Mensch, das können wir verstehen, können wir auch mit Jesus sagen, ich bin ganz Gott?

Der Vater manifestiert sich im Sohn, d.h. in allen materiellen, psychischen und geistigen Formen. Es existiert nichts, was nicht Sohn des Vaters wäre. Es existiert nichts, was nicht aus ihm geboren wäre. Sohn ist also eine Umschreibung für alles, was geschaffen ist. Die Schrift sagt bei Johannes: „Nichts ist entstanden ohne ihn. In allem Geschaffenen war er das Leben." (Joh 1,3)

Wir sind eine Epiphanie Gottes. Wir sind Söhne und Töchter Gottes. Die Schwierigkeit beginnt für viele, wenn gefolgert wird, dass jeder Mensch „Sohn Gottes" ist, ja, dass alles, was existiert „Sohn Gottes" ist. Alles, was existiert ist Manifestation dieser Urwirklichkeit, die Jesus „Vater" nannte. Jeder und jedes kann also sagen: „Ich bin Sohn Gottes." In einer anderen Version sagen wir sogar: „Wir sind Kinder Gottes." Jesus war ein

Mensch wie wir, tief erleuchtet. Er unterscheidet sich nicht von uns, außer dass er immer in der Einheitserfahrung mit dem stand, was er „Vater“ nannte oder „Reich Gottes“ oder, wie Johannes es ausdrückt, „ewiges Leben“.

Diese tiefe mystische Einheitserfahrung wird ihm bei der Taufe bestätigt. Dort heißt es, dass eine Stimme erscholl: „Dieser ist mein geliebter Sohn.“ Bei unserer Taufe wurde jedem von uns das Gleiche bestätigt. Damals öffnete sich gleichsam der Himmel über jedem und eine Stimme erscholl. Auch über uns ist dieses Wort gesprochen.

Jesus ist das Modell, an dem wir ablesen sollen, wer wir sind. Jesus hat diese göttliche Seinsweise nirgendwo für sich allein in Anspruch genommen. „Das Reich Gottes ist in Euch“, sagte er. „Du musst wiedergeboren werden“, erklärt er Nikodemus, „dann kannst Du erfahren, wer du bist“. Wem diese Metanoia, diese Wende nach Innen, gelingt, der erfährt, dass er eins ist mit diesem Urprinzip, das wir Abendländer Gott nennen. Und er wagt dann sogar zu sagen: „Bevor Abraham ward, bin ich.“ Denn was wir zutiefst sind, göttliches Leben, kennt keine Zeit.

An Jesus können wir ablesen, wer wir sind. Söhne und Töchter Gottes, Kinder des ewigen Vaters. Das sind Bilder und Metaphern, die wir zu deuten haben. Eckhart drückt es mit dem Wort „Gottesgeburt in der Seele“ so aus: „Und es gebiert der Vater seinen Sohn in der Seele in derselben Weise, wie er ihn in der Ewigkeit gebiert und nicht anders. … Er gebiert mich als seinen Sohn und als denselben Sohn. Ich sage noch mehr: Er gebiert mich nicht allein als seinen Sohn; er gebiert mich als sich und sich als mich und mich als sein Sein und als seine Natur. … Was Gott wirkt, das ist eins; darum gebiert er mich als seinen Sohn ohne jeden Unterschied. … und ich bin derselbe Sohn und nicht ein anderer.“ (Quint, 185,25) Es trifft auch auf uns zu, was Jesus von sich sagt: „Sie sollen meine Herrlichkeit sehen, die du mir gegeben hast, weil du mich schon geliebt hast vor der Erschaffung der Welt.“ Eckhart geht bis zur letztmöglichen Einheit. Darum sagt er in der gleichen Predigt: „Ich dachte neulich darüber nach, ob ich von Gott etwas nehmen oder begehren wollte. Ich will es mir sehr wohl überlegen, denn wenn ich von Gott (etwas) nehmen würde, so wäre ich unter Gott wie ein Knecht und er im Geben wie ein Herr. So aber soll es mit uns nicht sein im ewigen Leben." (Quint, 186,14)

Wir sind gottesgestaltig. Jesus sagt aus seiner Einheitserfahrung heraus: „Ich und der Vater sind eins" und „Wer mich sieht, sieht den Vater". Und er sagt: „Wie du, Vater, in mir bist und ich in dir bin, sollen auch sie in uns sein." „Sie sollen eins sein, wie wir eins sind, ich in ihnen und du in mir. So sollen sie vollendet sein in der Einheit." Unter „eins sein" verstehe ich nicht Einigkeit, sondern Einheit. In der Eucharistie feiern wir diese Einheit von Gott und Mensch. Darin liegt ihre tiefste Bedeutung. Brot und Wein sind nur die Exponenten für die ganze Schöpfung. So wie auf dem Altar nicht nur Brot und Wein sind, sondern auch diese andere Dimension, die wir Gott nennen, so sind auch wir nicht nur Menschen aus Fleisch und Blut, aus Psyche und Geist. Auch in uns offenbart sich diese andere Dimension Gott. Wir sind gottesgestaltig. Das sagt auch der Mystiker, wenn er diese Einheitserfahrung macht. Und das sagt nicht nur der klassische Mystiker des Mittelalters. Immer wieder brechen Menschen, die ich begleiten darf, zu einer Erfahrung durch, aus der heraus sie tief erschüttert das Gleiche bekennen. Wir essen uns selber im Brot auf dem Altar, wie Augustinus meint. Religion bedeutet nichts anderes, als die Welt mit anderen Augen sehen, mit den Augen, die von innen sehen. Uns selbst und die Welt in einer Weise zu begreifen, die nicht um das kleine Ich kreist.

Wir Christen haben uns klein geredet. Wir haben zu viel von Sünde und Moral gesprochen und zu wenig von unserem Adel, dem Adel, den uns Jesus verkündet hat. Unsere Religion ist zur Karfreitagsreligion geworden, es fehlt die Auferstehung und die Freiheit, die uns Jesus gebracht hat.

5. Religion und Heilige Schriften

Mystiker und Heilige Schriften kann man auf ganz verschiedener Ebene lesen und verstehen. Ein deutliches Beispiel scheint mir im Neuen Testament das Gespräch Jesu mit der Samariterin zu sein. (Joh 4,5) Er spricht schon längst vom Wasser des Lebens, während die Frau immer noch das natürliche Brunnenwasser meint.

Jesus verweist bei dieser Gelegenheit auch auf die Tatsache, dass Gott nicht etwas ist, was man auf diesem oder jenem Berg anbeten kann, sondern dass Gott im Geist und in der Wahrheit angebetet werden muss: „Gott ist Geist, und die ihn anbeten, müssen ihn im Geist und in der Wahrheit anbeten." (Joh 4,24)

Wenn Jesus vom Vater gesprochen hat, meinte er damit nicht ein väterliches Superego. Er wollte einen Gott aufzeigen, der weder sinnenhaft noch intellektuell begreifbar, nur erfahrbar ist. Für die meisten Menschen jedoch war Gott aber Vater, der liebt und straft, selig macht und verdammt.

Wer meint, das Absolute sei eine Art großer Vater, der über alle wacht wie ein Schäfer über seine Herde, der praktiziert Religion wie ein Bittsteller. Sein Ziel ist schlicht und einfach, Schutz und Segen jenes Gottes zu erhalten und ihm als Gegenleistung Verehrung und Dankbarkeit entgegenzubringen. Er versucht in Übereinstimmung mit dem zu leben, was er für Gottes Gesetz hält, und hofft, dass er dafür den Lohn des ewigen Lebens erhält. Diese Art von Religion verfolgt das Ziel, erlöst zu werden, erlöst von Schmerzen, von Leiden, vom Übel, letzten Endes sogar vom Tod.

Angelus Silesius und Eckhart – um nur zwei zu nennen – haben die Schrift auf einer ganz anderen Ebene verstanden. Sie haben sie von ihrer religiösen Erfahrung her interpretiert. So dichtet Angelus Silesius: „Wer Gott um Gaben bitt', der ist gar übel dran. Er betet das Geschöpf und nicht den Schöpfer an". Eckhart sagt: „Du erniedrigst den unendlichen Gott zur melkenden

Kuh, die man um der Milch und des Käses, um des eigenen Profits willen schätzt. Diese machen aus Gott eine Ziege, füttern ihn mit Wort-Blättern. Ebenso machen sie aus Gott einen Schauspieler, geben ihm ihre alten und schlechten Kleider."[6]

„Ich sage fürwahr: Solange du deine Werke wirkst um des Himmelreiches oder um Gottes oder um deiner ewigen Seligkeit willen, (also) von außen her, so ist es wahrlich nicht recht um dich bestellt. Man mag dich zwar wohl hinnehmen, aber das Beste ist es doch nicht. Denn wahrlich, wenn einer wähnt in Innerlichkeit, Andacht, süßer Verzücktheit und in besonderer Begnadung Gottes mehr zu bekommen als beim Herdfeuer oder im Stalle, so tust du nicht anders, als ob du Gott nähmest, wändest ihm einen Mantel um das Haupt und schöbest ihn unter eine Bank. Denn wer Gott in einer (bestimmten) Weise sucht, der nimmt die Weise und verfehlt Gott, der in der Weise verborgen ist. Wer aber Gott ohne Weise sucht, der erfasst ihn, wie er in sich selbst ist; und ein solcher Mensch lebt mit dem Sohne, und der ist das Leben selbst."[7]

Solche Beispiele dürfen uns nicht dazu verleiten, das mündliche Beten zu verachten. Eckhart war Priester und Ordensmann. Er hat sicher die Messe gelesen und das Offizium gebetet. Solange wir Menschen sind, werden wir das Göttliche ansprechen und auch feiern. Das können wir nur in Wort, Bild, Zeremonie und Ritus. Es ist jedoch wichtig, sich dabei bewusst zu bleiben, dass dies nur „Finger" sind, die auf den Mond zeigen. Es sind wohl nur ganz wenige Menschen berufen, sich in einen liturgielosen Raum zurückzuziehen.

Heilige Schriften und Religion insgesamt sind also Niederschlag tiefer mystischer Erfahrung, und umgekehrt ist es Aufgabe der Religion, den Menschen zu einer solchen Erfahrung zu wecken.

---

6 Josef Quint, Meister Eckhart, München 1979, S. 29.

7 A. a. O., S. 180.

6. Die mystische Erfahrung

a) vollkommen und erfüllend

Das mystische Bewusstsein könnte beschrieben werden als eine Dimension des Erfahrens, in der alles so ist, wie es ist, und so wie es ist, auch vollkommen ist. Dort ist man nicht glücklich und nicht unglücklich, nicht zufrieden oder unzufrieden, nicht froh und nicht traurig. Frohsein wäre bereits ein Weniger, genauso Traurigsein. Angenommensein und Liebe gehören bereits zu einer untergeordneten Region. Es gibt keine Seligkeit, kein Glück im Sinne eines Gefühls. Alle anderen Bewusstseinsebenen erscheinen daneben relativ, während jener Zustand in sich geschlossen und vollkommen ist und bis aufs Äußerste erfüllt. Die anderen Bewusstseinszustände sind vorläufig und unerfüllt.

In diesem Bewusstsein sind Form und Formlosigkeit eins. Es ist die Erfüllung all unserer Sehnsüchte. Es gibt dort nicht Subjekt und Objekt, sondern nur Sein. Dort erfährt der Mensch seinen göttlichen Ursprung und er ist geneigt zu sagen „Ich bin Gott". Dieses Wort enthält jedoch keinerlei Arroganz. Darin ist kein Ich. Es ist vielmehr getragen von einer ungeheueren Demut und begleitet vom Bedürfnis, allen Lebewesen zu dieser Erfahrung zu verhelfen. Hier hat das erste Gelübde des Buddhismus seinen Grund: „Die Lebewesen sind zahllos, ich gelobe, sie alle zu retten."

Im mystischen Bewusstsein erkennt der Mensch, dass sein rationales Verständnis dieser Welt nur wie der Blick durch ein Schilfrohr zum Himmel ist, also ein sehr begrenzter Teilausschnitt. Unser konzeptionelles Verständnis des Kosmos, mag es noch so wissenschaftlich sein, ist ein erbärmliches Teilverständnis. Von dieser Sicht aus ist Wissenschaft einengend. Allmählich jedoch beginnt die Wissenschaft, das transpersonale Bewusstsein in ihre Forschungen mit einzubeziehen; denn sie hat gemerkt, dass die Welt mit den Newtonschen und Cartesianischen Kategorien allein nicht erklärbar ist.

Mit unseren wissenschaftlichen und religiösen Systemen machen wir eine Menge kosmischen Lärm und meinen, wir könnten damit Gott erreichen. Unsere Gebete, unsere Gedanken an Gott sind jedoch angesichts dieser großen mystischen Erfahrung nicht mehr als das Kochen im kleinen Reagenzglas Ich.

Die Gefahr, dass wir uns mit all unseren Vorstellungen von Gott selber anbeten, ist sehr groß. Die Idolatrie religiöser Begriffe ist die große Gefahr der Religion. Wir sind arrogant, wenn wir uns von Gott ein Bild machen oder ihn in unseren Konzepten festhalten. Eckhart sagt mit Recht: „Einen Gott, den ich begreifen kann, das ist nicht Gott."

Unsere religiösen Systeme gleichen Computerprogrammen. Wie der Computer außerhalb seiner Programme keine neuen Erkenntnisse liefern kann, so bleiben auch die theologischen Aussagen über Gott eng begrenzt, wenn wir sie nicht erweitern durch die mystische Erfahrung. Das systeminterne Denken ist das große Hindernis der Theologie.

Wir haben auch zu lernen, dass Mystik sich nicht unbedingt in einem frommen Vokabular ausdrücken muss, als ob mystische Zustände etwas mit Bigotterie oder Betschwesterntum zu tun hätten. Mystik ist vielmehr die Erfahrung des Alltäglichen, des Hier und Jetzt. Diese Erfahrung kann sehr banal sein. Sie kann im Verwesen genauso gemacht werden wie in einer aufblühenden Blume, dem Wind oder einer religiösen Zeremonie. Wir müssen uns auch klar darüber sein, dass es wohl Lebewesen gibt, deren Bewusstsein ganz anders organisiert ist als das unsere.

So ist es Zeit, die Sicherheit unseres Ichbewusstseins etwas zu erschüttern und mutig in andere Bewusstseinsräume vorzudringen. Manche Menschen bekommen Angst. Es bleibt uns aber nichts anderes übrig, als unsere Angst einzugestehen und trotzdem weiterzugehen. Manche bekommen Zweifel, weil ihr Glaubensgebäude erschüttert wird. Freilich kann eine enge, dogmatisch verstandene Konfession ein Hindernis sein, in dieses neue Bewusstsein hineinzugehen, aber wenn wir unsere Heiligen Bücher neu lesen lernen, finden wir darin Möglichkeiten, auch unser Glaubensverständnis interpretieren.

b) zeitlos und nicht mitteilbar

Das „Wissen“ wird in der mystischen Erfahrung überschritten. „Ich trat ein und wusste nicht wo“, dichtet Johannes vom Kreuz. Bilder, Symbole und Sprache des Menschen sind einem ständigen Wandel unterworfen, das Göttliche dagegen ist zeit- und raumlos. Es bleibt von allem Wandel unberührt, obwohl es letztlich das Wesen von allem ist, was sich wandelt. Selbst das Denken des Göttlichen bedeutet bereits eine Begrenzung. Hier verstehen wir das „Nada, nada“ eines Johannes vom Kreuz, „Nicht dies, nicht dies“, „neti, neti“ – mehr kann nicht gesagt werden. Das Wesentliche jeder Religion ist die Erfahrung der letzten Wirklichkeit. Sie überschreitet alle Schranken und Begrenzungen von Raum und Zeit.

Schranken und Begrenzungen entstehen nur dadurch, dass der Mensch das Unaussprechliche begrifflich festlegen will. Solche religiösen Ausdrucksweisen sind zeitbedingt und daher nicht von Dauer. Die Erfahrung aber ist zeitlos und übersteigt alle Unterschiede dogmatischer Art. Sie ist der gemeinsame Grund, auf dem die einzelnen Religionen aufbauen.

In der Unaussprechlichkeit der letzten Wirklichkeit sind sich alle Religionen einig. Die letzte Wirklichkeit kann nur erfahren werden. Alles, was der Mensch darüber sagt, ist bereits eine Verzerrung. Und so meint Eckhart: „Hätte ich einen Gott, den ich erkennen könnte, ich würde ihn nimmer für Gott ansehen“ – „Du sollst ihn (Gott) lieben, wie er ist, ein Nicht-Gott, ein Nicht-Geist, eine Nicht-Person, ein Nicht-Bild, mehr noch: wie ein lauteres, reines, klares Eines, abgesondert von aller Zweiheit.“[8]

In seinem Buch „Aufstieg zum Berge Carmel“ sagt Johannes vom Kreuz ähnliches, indem er von der Schädigung spricht,

---

[8] A.a.O., S. 355.

die eine Seele erfährt, wenn sie in der Kontemplation irgendwelche Formen und Bilder in Gedächtnis oder Phantasie festhalten will. „Denn Geschöpfe, ob irdisch oder himmlisch, sowie alle deutlichen Kenntnisse und Bilder, natürliche und übernatürliche, die den Seelenkräften fassbar sind, so erhaben sie in diesem Leben auch seien, stehen doch in keinem Vergleich und in keinem Verhältnis zum Wesen Gottes."[9]

Johannes vom Kreuz nennt alle Bilder und Vorstellungen nur die Lakaien des Königs. Je mehr man auf die Lakaien schaut, um so weniger sieht man den König. „Folglich irren jene, die solche bildhaften Wahrnehmungen nicht nur schätzen, sondern gar meinen, Gott sei einem von ihnen vergleichbar und sie könnten durch etwas Derartiges zur Vereinigung mit Gott gelangen."[10]

Rumi, ein islamischer Dichter, schreibt: „Was ist zu tun, o Moslem? Ich kenne mich selbst nicht mehr. Ich bin weder Christ noch Jude, weder Perser noch Moslem. – Ich bin vom Osten nicht und nicht vom Westen, vom Lande nicht und nicht vom Meer, nicht aus der Werkstatt der Natur, noch aus dem kreisenden All. Ich bin nicht aus Erde, Wasser, Luft oder Feuer. Ich komme nicht aus dem Empyreum, noch aus dem Staub, bin nicht im Endlichen, noch im Unendlichen. – Ich komme nicht aus Indien, China oder Bulghar, nicht aus dem Königreich des Irak noch vom Lande Chorassan. – Ich bin weder von dieser Welt noch von jener, nicht aus dem Paradies und aus der Hölle nicht. Mein Ort ist ortlos, spurlos meine Spur, mein Körper körperlos und seelenlos die Seele, denn ich gehöre dem Geliebten. Alles Endliche wird so unendlich. Ich habe alle Trennung überwunden, ich sehe beide Welten als All-Einheit."[11]

---

[9] Johannes vom Kreuz, ABK III, 12,1.

[10] Johannes vom Kreuz, ABK III, 12,3.

[11] Gesänge des tanzenden Gottesfreundes, Texte zum Nachdenken, Herderbücherei 679, S. 67.

Hadewij von Antwerpen meint nichts anderes, wenn sie sagt:

„Wenn die Seele nichts anderes als Gott hat, wenn sie vernichtet, verschlungen ist, sich in Nichts aufgelöst hat, so wird sie mit ihm gänzlich dasselbe, was Er ist." (Baumer-Despeigne, S. 22)

„An Epiphanias ... wurde ich im Geist entrückt ... Ich vernahm eine schreckliche und nie gehörte Stimme, die mir symbolisch sagte: ‚Sieh, wer ich bin!' Und ich sah den, den ich suchte. Sein Angesicht offenbarte sich ... Und in diesem Angesicht sah ich alle Geschöpfe."

„Ich versichere Euch ... von Verdammnis oder Segen ist nicht mehr die Rede. In der Erfüllung der Liebe ist man Gott geworden."

„Wer das Wunder verstanden hat, das Gott in seiner Göttlichkeit ist, erscheint oft den Menschen, die diese Erkenntnis nicht haben, gottlos durch ein Übermaß an Gott, unwissend durch ein Übermaß an Wissen". (Baumer-Despeigne)

Der Verstand kann die letzte Wirklichkeit niemals ausschöpfen. Ramakrishna pflegte zu sagen: „Alle Schriften und heiligen Bücher, die Veden, Puranas, Tantras usw. sind in gewissem Sinne ihrer Reinheit beraubt, weil ihr Inhalt von menschlichen Zungen geäußert wurde. Was Brahman wirklich ist, hat noch keines Menschen Zunge je beschreiben können. Darum ist Brahman nach wie vor unberührt und unverfälscht."

Aus den vielen Zentexten möchte ich nur einen zitieren, von Daio Kokushi:

> „Es gibt eine Wirklichkeit, die selbst Himmel und Erde vorausgeht.
> ES hat keine Form, viel weniger einen Namen.
> Augen verfehlen ES, wenn sie ES suchen.
> ES hat keine Stimme und ist so nicht entdeckbar für Ohren ...

O meine lieben erhabenen Freunde, hier versammelt,
wenn ihr euch sehnt, die donnernde Stimme des Dharma zu hören,
lasst eure Rede erschöpfen, entleert eure Gedanken,
dann kommt ihr so weit, das eine Sein zu erkennen."

Auf der Stufe der Erfahrung sind alle Religionen eins. Aber jedes Individuum, das über seine Erfahrung sprechen will, hat es mit Ausdrucksformen zu bescheiden, die ihm entsprechend seinem kulturellen Hintergrund zur Verfügung stehen. Und so reflektiert die Verschiedenheit der esoterischen Wege die Verschiedenheit der Kulturen, aber in ihrer Essenz sind sie sich einig.

Religion ist zu vergleichen mit dem Mond, der die Erde erleuchtet, aber seine Strahlkraft von der Sonne erhält. Wenn der Mond der Erde zu nahe kommt und sich zwischen Sonne und Erde schiebt, gibt es eine Sonnenfinsternis und es wird dunkel auf der Erde.

Die Sonne ist zu vergleichen mit dem Göttlichen. Es strahlt die Religion an, damit sie dem Menschen leuchtet auf seinem Weg zur Erfahrung. Wenn aber Religion sich zu wichtig nimmt und sich zwischen Gott und den Menschen schiebt, verdunkelt sie Gott. Es gibt eine Gottesfinsternis.

Wer einmal erfahren, d. h. „gekostet" hat, frei von jedem Wort und jeder Form, der weiß, wie relativ jedes Wort und jeder Gedanke ist und wie vorläufig jede Formulierung. Der Mensch erfährt dann die Wirklichkeit, wie sie ist. Er unterliegt nicht mehr seinen Projektionen und seinen einengenden Vorstellungen. Wer einmal Baum von innen erfahren hat, nicht als Botaniker, der Eichen, Buchen und Tannen sieht, sondern als einer, der das Gewand der Sprache abgelegt hat und Baum „erfährt", der weiß um die Dürftigkeit von Sprache und Ausdruck im religiösen Bereich.

c) ein Erwachen Gottes

Johannes vom Kreuz sagt einmal: „Unser Erwachen ist ein Erwachen Gottes, und unser Auferstehen ist ein Auferstehen Gottes."[12] Er nennt also die mystische Erfahrung ganz klar und deutlich ein Erwachen Gottes in uns. Dieses Erwachen kann aber letztlich nicht mitgeteilt werden, darum sagt er an einer anderen Stelle: „Das, was eine Seele erfährt von Gott in diesem Erwachen, ist vollständig jenseits aller Worte."[13]

Die Geschichte dieses Erwachens wird uns in allen religiösen Büchern erzählt. Es ist die „Liebesgeschichte" zwischen dem Göttlichen und dem Menschlichen, wobei die Initiative immer von Gott ausgeht. Wir meinen nur, wir seien die Suchenden, in Wirklichkeit sind wir die Gesuchten.

Im Alten Testament ist Gott der eifersüchtige Liebhaber. Der Mensch ist die Geliebte, die immer wieder davonläuft und untreu wird. Das Ziel ist die Liebesvereinigung, die Unio. Das Verhältnis Gott – Mensch wird auch im Wort „Bund" ausgedrückt, was in der archaischen Gesellschaft absolute Zusammengehörigkeit, ja Einheit bedeutet. „Bund mit Gott" ist etwas, was immer da war und ist, was ich erfahren muss.

Im Neuen Testament wird uns das gleiche durch Jesus Christus mitgeteilt. Er ist „die uns zugewandte Seite Gottes". Durch ihn können wir die abgewandte, d. h. die intellektuell und begrifflich nicht erfassbare Seite Gottes erfahren. Er ist die Tür, durch die wir in den innergöttlichen Raum eintreten können. Und das ist das eigentliche Ziel des Menschen, das Erfahren dieser Ersten Wirklichkeit Gott. Die Buddhisten sagen dazu Nirvana, die Hindus Moksha, wir Christen Himmel, ewiges Leben oder Reich Gottes. Für die Sufis ist es die Vereinigung mit dem Geliebten, für die jüdische Mystik (Kabbala) die Rückkehr ins Gelobte Land. Die Hindus reden von Krishnabewusstsein, die Buddhisten von Buddhabewusstsein oder Buddhanatur. Als

---

[12] LF IV, 9.

[13] LF IV, 10.

Christen können wir dieses Erwachen ein Erwachen zum Christusbewusstsein nennen. Mögen Ritual und Lehre der Religionen noch so verschieden sein, sie wollen den Menschen letztlich zu diesem Erwachen führen, zum Erfahren Gottes.

7. Heimweh nach Gott

Was den „Verlorenen Sohn“ letztlich nach Hause zurückführt und die Geliebte (den Menschen) zum Geliebten (Gott), ist wohl das, was C. G. Jung die Individuationskraft nennt. Es ist jene spirituelle Kraft, die aus der Tiefe unserer Wesensnatur kommt. Wir können sie auch „Leben Gottes“ nennen oder „Heiliger Geist“. Diese Kraft ist zielgerichtet, auch wenn unser Ich ihr nicht immer folgen will. Manche spüren sie sehr stark und machen sich auf die Suche. Immer wieder sagen Menschen: „Ich habe Heimweh nach einem Ort, den ich nicht kenne, wo ich aber hingehöre. Dort ist alles in Ordnung.“ Vielleicht sagen sie auch ganz einfach: „Ich habe Sehnsucht nach Gott.“

Wenn die menschlichen Leidenschaften in geordnete Bahnen gelenkt sind (und hierin allein liegt der Sinn christlicher Askese), kann aus der Ruhe heraus diese neue Kraft aufbrechen. Oft wird sie gerade dann ungestüm erfahren, wenn der Mensch durch Leid und Schicksalsschläge die Sinnlosigkeit seiner Existenz erlebt.

Der Mensch wird nämlich zutiefst nicht von Instinkten geleitet, sondern von den „Metawerten“. Die Kraft, die aus ihnen kommt, hat eine teleologische Funktion, d. h. sie ist zielgerichtet. Sie ist die Grundkraft der ganzen evolutionären Bewegung in unserer Welt. Wer den Weg der Kontemplation oder des Zen geht, versucht, diese Kraft freizulegen. Auf den genannten Wegen nämlich kann nichts mit eigener Kraft bewirkt werden. Es gibt keine „Selbst-Erlösung“, Erlösung kann nur aufgefunden werden. Sie ist immer da. Die Kraftquelle sprudelt in jedem von uns, und unser Bemühen kann nur dahin gehen, die Hindernisse wegzuräumen, die uns davon trennen. Diese Quelle durchpulst alles, was lebt. Sie durchflutet alle Bereiche unseres Daseins. Sie ist immer da. Diese Kraft, die uns hindrängt zur Vollendung, zu Gott, geleitet uns auch nach dem Tod, wenn wir ihr in diesem Leben Raum gegeben haben.

8. Erlösung ist Erfahrung der ganzen Wirklichkeit

Der Unterschied zwischen den so genannten Offenbarungsreligionen (Islam, Judentum, Christentum) und den östlichen Religionen (Hinduismus und Buddhismus) besteht darin, dass Gott für uns im Westen ein ontologisch Anderes ist, etwas also, was seinem Wesen nach von uns getrennt ist und immer getrennt bleibt. Zwischen Gott und Mensch besteht eine tiefe Kluft. Es ist dem Abendland nicht gelungen, diese Kluft wirklich zu überbrücken. In den Hauptrichtungen des Hinduismus und Buddhismus dagegen sind Gott und Mensch eins und zugleich verschieden. Sie sind Nicht-Zwei.

In den nicht mystischen Traditionen der westlichen Religionen erfährt sich der Mensch abgetrennt von Gott. Das einzelne Wesen hat die Verbindung mit dem Urgrund verloren, es kann sie jedenfalls noch nicht erkennen. Die Einheit von Gott und Mensch wird wiederhergestellt durch einen Bund. Gott fügt gleichsam wieder zusammen, was zerbrochen ist. Für das Zusammenfügen muss ein hoher Preis gezahlt werden, der Tod Jesu Christi.

Das ist dem Osten nur schwer nachvollziehbar. Er geht nicht vom Anthropos, d. h. vom einzelnen Menschen aus, sondern vom Kosmos, von der Einheit. Diese Einheit kann nie so aufgehoben werden, dass der Mensch oder die einzelnen Dinge von ihrem letzten Ursprung getrennt würden. Es gleicht dem Entfalten eines Fächers. Keine Falte ist vom Ganzen getrennt. Trennung ist lediglich verursacht durch die Egozentrik des Tagesbewusstseins, das uns vortäuscht, wir seien selbständig und damit abgetrennt. Dass wir dieser täuschenden Tendenz des Ego ständig verfallen, dass wir seiner Eigenmächtigkeit folgen, das ist die Ursünde.

Im Westen sind Gott und Mensch also wesenhaft getrennt, im Osten dagegen sind sie von gleicher Wesenheit. Es sind nur zwei Aspekte der einen Wirklichkeit. Diese letzte Wesenheit ist der Urgrund allen Seins. Gott ist sowohl die Form als auch das Formgebäude. Er ist nichts, was man getrennt sehen könnte. Diese letzte Wirklichkeit ist Ursprung von allem, aber nie getrennt von allem und nie essentiell anders als alles.

Hat das vielleicht auch Jesus gemeint, als er sagte: „Der Vater ist der Ursprung allen Lebens, und er hat dem Sohn Macht gegeben, genauso wie er selbst Leben zu schenken“ (Joh 5,26)? Oder an einer anderen Stelle: „Vater, die Herrlichkeit, die du mir gegeben, habe ich ihnen gegeben.“ (Joh 17,22) Eckhart meint: „Gott unterscheidet sich vom Menschen durch Gebären und Geborenwerden. Aber Gebären und Geborenwerden ist *ein* Sein, *ein* Leben.“[14]

Diese letzte Wirklichkeit, die wir Christen Gott nennen, ist gleichsam der Ozean, der vor der Welle ist, aber nicht getrennt von ihr. Sie ist der Stamm, aus dem der Rebzweig kommt, aber sie ist nie getrennt vom Rebzweig. Diese letzte Wirklichkeit ist also nicht ein Sein, das getrennt von allem existiert. Sie ist das Formlose, das in der Form erscheint. Der Mensch, wie auch alle anderen Erscheinungsformen dieser Welt, ist die Form dieser letzten Wirklichkeit, Form des Lebens, Form Gottes.

Wenn wir Gott so sehen, dann ändert sich unser Reden über ihn. Denn solange wir Gott nur von der Bewusstseinsperipherie her als Vater sehen, analog zum menschlichen Vater, der über uns wacht, der uns straft, der uns belohnt, von dem wir etwas erbitten können und der uns etwas versagen kann, der uns ewiges Leben schenkt in dem, was wir Himmel nennen, der uns auch ewig verdammen kann in dem, was wir Hölle nennen, dann wer-

[14] Josef Quint, Meister Eckhart, München 1979, S. 102,12.

den wir nur bitten. Wenn wir aber Gott als integrales Ganzes sehen, dann hat Religion den Sinn, uns zu helfen, dieses integrale Ganze zu erfahren. Erretten und Erlösen ist dann Erfahren der ganzen Wirklichkeit. Es ist ein Schauen, visio beativica. Wir sind nicht ein Teil, der aufgepfropft ist, sondern ein Teil, in dem das Ganze sich verwirklicht. Das ist die Heimkehr zu Gott. Erlösung meint dann die Einordnung unseres personalen Ichs, das uns ein Abgetrenntsein von Gott vorgaukelt, in das Ganze. Das wird in der Mystik mystische Union genannt, in anderen Religionen Erleuchtung, Befreiung, Satori, Samadhi usw.

Weder in der östlichen noch in der westlichen Mystik ist Erlösung etwas, was ich selber machen kann. Sie ist immer schon da und wartet auf mich, bis ich sie nach Durchschreiten eines Reinigungsprozesses erfahren kann.

9. Evolution und Ursünde

Sowohl von der mystischen Einheitserfahrung her als auch von Seiten der modernen Erkenntnisse der Evolution des menschlichen Bewusstseins her kann man auch die Ursünde neu sehen und in den Verwandlungsprozess des Menschen tiefer einordnen.

Das Göttliche ist ein Mysterium. Die eigentliche Offenbarung Gottes liegt jenseits der Schicht unseres Tagesbewusstseins. Darum wird sie diesem immer nur bedingt erfassbar sein und erscheint ihm ganz neu, wenn der Mensch in die Tiefe vorstößt. Die Mystiker nennen diese tiefste Schicht, in der die Offenbarung für den Menschen geschieht, den Grund, das Wesen, die Unio mystica. Hier erfährt der Mensch nicht etwas, hier „ist“ nur.

Offenbarung geschieht analog dem Stand unseres Erkennens, d.h. Stufe für Stufe; denn auch unser Bewusstsein entfaltet sich im Rahmen der Evolution. Alle Religionen wissen um den unvollkommenen Zustand des Menschen. Viele sprechen von einem „Fall“, von der „Ursünde“. Ursünde ist aber nicht der Fall von einem höheren Bewusstseinszustand in einen unvollkommeneren, sondern das Heraustreten aus einem „vorpersonalen Himmel“, das Erwachen aus der Dumpfheit des Vorbewussten in eine Ich-Erfahrung, aus dem Zustand des Instinktes in den des Erkennens von Gut und Böse, wie die Schrift sagt. Das war ein großer Fortschritt in der Evolution, zog allerdings auch die ganze Belastung nach sich, die mit dieser Ich-Erfahrung verbunden ist, nämlich die Erfahrung von Krankheit, Leiden, Schuld, Einsamkeit und Tod.

Der sogenannte Sündenfall brachte also nicht die Sterblichkeit, sondern die Erkenntnis der Sterblichkeit und des Wandels aller Dinge. Bis dahin lebte der Mensch gleichsam das Leben der Blumen und der Tiere. Nicht das Essen vom Baum der Erkenntnis ist also Sünde – das ist nur ein Bild –, sondern dass der Mensch sich durch die Ich-Werdung von Gott getrennt sieht. „Sie waren nackt“, steht in der Schrift. Das soll heißen: Sie waren hinausgeworfen in die Einsamkeit des Ich. Die Vertreibung aus dem Paradies ist das Hinaustreten in den personalen Zustand ohne diese Einheitserfahrung mit Gott. Ursünde ist keine Schuld im eigentlichen Sinn des Wortes, das haben wir längst erkannt. Es ist ein Faktum, das sich aus der Entwicklung unseres Bewusstseins ergibt.[15]

Der Weg in die mystische Erfahrung ist der Weg ins Paradies, aber nicht in jenes, aus dem der Mensch vertrieben wurde. Das wäre Regression und käme einer Flucht zurück in den Mutterschoß gleich. Die Evolution geht weiter. Wir werden eines Tages erkennen, dass Gott immer mit uns „im Garten Eden spazieren ging“, dass wir nie von ihm getrennt waren – auch wenn wir es jetzt nicht wissen, wir werden es erfahren. Das Paradies liegt vor uns. Daher nennen wir Christen es das „Neue Jerusalem“. Es ist die Erfahrung der Einheit mit Gott.

---

[15] Up from Eden, Anchor Press/Doubleday, New York 1981, S. 297ff.

10. Der Strom des Lebens

Das Unendliche leuchtet im Endlichen auf. Wir sind Träger des Unvergänglichen im Vergänglichen und daher mehr als die Form, als die wir herumlaufen. Im Menschen ist Leben zu einer Dichte herangereift, in der es sich seiner selbst bewusst werden kann.

Indem sich Leben in ein Ichbewusstsein entfaltet, erfährt es, dass es in dieser menschlichen Form endlich ist. Alle Religionen sagen uns, dass die Existenz zwischen Geburt und Tod nur eine Phase unseres Gesamtlebens ist. Wir stehen in einem Evolutionsprozess, der zu einer Erfahrung unserer endgültigen, letzten Wesenheit führen soll. Die Spanne zwischen Geburt und Tod ist uns gegeben zum Wachsen und Reifen. Wer reifen will, darf nicht festhalten. Alles, was wir festhalten, wird zu Gift. Wenn wir die Luft festhalten, ersticken wir. Wenn wir die Nahrung festhalten, vergiftet sie uns. Aufnehmen und Ausscheiden gehören zum Strukturprinzip dieser Welt. Sterben ist genauso der Vollzug des Wachsens und Reifens wie Geborenwerden.

Unser Ich sträubt sich gegen den Prozess des Werdens und Vergehens. Es will nicht glauben, dass Sterben Tor zu Neuem ist. Wir haben aber zu lernen, dass dieses unser Leben nur ein Akt innerhalb eines Schauspiels ist. Es gehen Akte voraus und es folgen Akte nach. Unser Ich neigt dazu, das Welttheater anzuhalten. Das freilich gehört zur Ursünde, dass wir meinen, dieses kleine Ich verewigen zu können. Der Abschnitt zwischen Geburt und Tod ist nur ein Ausschnitt aus unserer Gesamtexistenz. Unser Sterben ist nur Transitus, Übergang zu Neuem. Der Mensch aber möchte vergessen, dass sein Leben ein Vorspiel und ein Nachspiel hat.

Der Sinn unseres Lebens liegt also in seiner Permanenz, die nicht an der Oberfläche zu finden ist, sondern im transpersonalen Sein des Menschen. Stabilität und Kontinuität liegen in der Dynamik. Der „Erleuchtete" ist einer, der den Strom des Lebens erfährt. Aber er erfährt ihn als Hier und Jetzt.

Der Mystiker ist daher ein weltzugewandter Mensch. Am deutlichsten kommt das in den so genannten Ochsenbildern des Zen zum Ausdruck. Das letzte Bild zeigt den Erleuchteten auf dem Markt. Er kauft und verkauft, lacht und redet und ist als Mystiker nicht erkennbar. Er hat seine Erleuchtung vergessen. Er lebt aus einer gewandelten Persönlichkeit.

Wer zum Strom des Lebens durchstößt, erfährt das ewige Jetzt. Das Leben bekommt von dorther gesehen eine andere Wertigkeit. Der Mystiker will gar nicht in erster Linie die Welt ändern. Vielmehr ändert sich durch seine Erfahrung seine Einstellung zur Welt und zu den Dingen. Die Projektionen, denen der Durchschnittsmensch ständig verfällt, verschwinden. Welt und Dinge werden erfahren als das, was sie wirklich sind. Es geht also nie um Vernichtung oder Abtötung. Was vernichtet wird, ist das „Scheinsein“ der Dinge, die von der Egozentrik des Menschen falsch eingeschätzt und bewertet werden.

Wenn „Konrad und Heinrich“, wie Eckhart den Durchschnittsmenschen nennt, zum wesentlichen Sein wiedergeboren sind, dann feiern auch die Dinge dieser Welt ihre Auferstehung zum wesentlichen Sein. Der Mensch erfährt die Immanenz Gottes in der Welt und der Welt in Gott. Das gegenseitige Durchdrungensein leuchtet auf. Von daher bekommt die Spanne zwischen Geburt und Tod ihre tiefe Bedeutung. Sie ist uns gegeben zum Werden und Reifen. Wir sind erst auf dem Weg zum vollen Menschentum oder – wenn Menschsein nicht unsere letzte Bestimmung ist – zu dem Wesen, das wir werden sollen. Unser Leben ist die wahre Religion. Gott will zu dieser Zeit in dieser Form an diesem Platz über diese Erde gehen. Ich bin Mensch geworden, um ganz Mensch zu sein. Das heißt nicht, dass es keine Spannungen mehr auf unserer Erde gäbe. Wir werden nie ein leidfreies Paradies schaffen; einer derartigen Utopie verfällt kein Mystiker. Aber wir könnten lernen, zusammenzuleben ohne Egoismus.

Unser Ich-Bewusstsein ist nur ein Organ unseres Gesamtbewusstseins, gebärdet sich aber als Alleinherrscher und liegt in ständigem Kampf mit der Tiefe unseres Seins. Solange es die Oberhand behält, gibt es keinen Frieden. Nur wenn wir ins Transpersonale vorstoßen, in jene umfassendere Dimension unseres Bewusstseins, werden wir mit den Problemen dieser Welt so weit fertig werden, dass wir menschenwürdig leben können. Es kommt darauf an, ob unser Ich sich einordnen lässt als Organ unserer Gesamtpersönlichkeit oder ob es uns triumphierend überall hinzerren darf. Es ist nur der Hausmeister, aber nicht der Hausbesitzer.

Dieses Leben ist uns gegeben, dass wir uns wandeln. Wer sich wandeln will, muss lernen loszulassen; nur so wird er transformationsfähig. Wer davon überzeugt ist, bekommt eine andere Einstellung zum Leben, zur Umwelt und Gesellschaft. Er wird sich als Gast aller Dinge erfreuen, ohne sie besitzen oder beherrschen zu wollen. Er hat den Mut zum einfachen Leben, weil Leben in den einfachen Dingen viel stärker zu spüren ist. Er erkennt, dass es nicht um die Quantität geht, sondern um die Qualität. Damit sind wir wieder beim Bewusstseinswandel, ohne den es keine Wandlung des Menschen und der Gesellschaft gibt.

Wer wirklich durchbricht zur letzten Erfahrung, bleibt nicht in einem Wolkenkuckucksheim hängen, auch nicht in einer Ekstase. Er kommt immer im jeweiligen Augenblick an. Die wahre Erfahrung ist Erfahrung der Fülle im Augenblick. Ich möchte das mit der folgenden Geschichte verdeutlichen:

Ein Mann hackte Unterholz am Waldrand ab, verkaufte es und lebte vom bescheidenen Erlös. Eines Tages kam ein Einsiedler aus dem Wald und der Mann fragte ihn um einen Rat für sein Leben. Der Einsiedler riet ihm: „Geh tiefer in den Wald!“ Der Mann ging daraufhin tiefer in den Wald und fand wunderbare Bäume, die er als Bauholz verkaufte. Reich geworden, erinnerte er sich plötzlich wieder an den Rat des Einsiedlers: „Geh tiefer in den Wald!“ Und so ging er tiefer in den Wald und fand eine Silbergrube. Er baute sie ab und wurde noch wohlhabender. Eines Tages fiel ihm wieder der Einsiedler ein: „Geh tiefer in den Wald!“ Und so wagte er es, weiter vorzudringen in das Dunkel des geheimnisvollen Waldes. Bald fand er wunderbare Edelsteine. Er nahm sie in die Hand und erfreute sich an ihrem Glanz, aber dann fiel ihm das Wort des Einsiedlers ein: „Geh tiefer in den Wald!“ Die Edelsteine in der Hand, wanderte er weiter. Und plötzlich stand er beim Morgengrauen wieder am Waldrand. Er nahm seine Axt und hackte das Unterholz ab und verkaufte es an seine Mitmenschen.

Von da aus verstehen wir den sechsten Zenpatriarchen, der in einem solchen Augenblick gesagt hat: „Wie wunderbar, ich hacke Holz, ich trage Wasser.“ Und wir verstehen Texte aus dem Thomasevangelium: „Spaltet ein Stück Holz, und ich bin da. Hebt einen Stein, und ihr findet mich dort.“ Und wir begreifen Br. Lorenz, einen französischen Mystiker, der in der Küche arbeitete. Von ihm heißt es: „Er drehte keinen Pfannkuchen um, ohne an Gott zu denken.“ Aber es ist kein Denken an Gott. Es ist ein Handeln aus einer tiefen Einheitserfahrung heraus. Erleuchtung führt in den Augenblick. Wir kommen dort an, wo wir sind.

11. Mystische Erfahrung und soziale Verantwortung

Wenn einer den Weg nach innen beschreitet, wird ihm sehr rasch der Vorwurf gemacht, er denke nur an sich selbst, es mangle ihm an sozialer Verantwortung. Das kann sein, aber dann ist der Betreffende sicher nicht auf dem rechten Weg. Die mystische Erfahrung durchbricht die Schranke des Ich und der Selbstgenügsamkeit. Die Erfahrung des gemeinsamen Lebens, das alles durchpulst, lässt Leid und Freude des anderen als eigenes Leid und eigene Freude erfahren. Der Egoismus, das Hauptlaster der Menschen, ist überwunden. So sagt Eckhart: „Hast du einen Menschen lieber als einen andern, so ist das unrecht. Und hast du deinen Vater und deine Mutter und dich selbst lieber als einen andern Menschen, so ist das unrecht. Und hast du die Seligkeit in dir lieber als in einem andern, so ist das unrecht."[16]

Wir sind ein Leib. Und so dient jedes Glied zunächst dem ganzen Körper. „Das Auge sieht nicht mehr für sich als für den Fuß, sondern gleichmäßig für sich und die einzelnen Körperteile."[17]

Am deutlichsten tritt die Einstellung der Mystik jedoch in der eigenwilligen Auslegung Eckharts zu Maria und Martha zutage. Nicht Maria, die in Verzückung zu Füßen Jesu sitzt, ist das Ideal, sondern Martha, die sich abrackert und bedient. Eines der großen Missverständnisse des Abendlandes in Bezug auf Mystik ist die falsche Auffassung, dass Ekstase der Höhepunkt der mystischen Erfahrung sei. Ekstase ist nur eine Nebenwirkung. Ziel ist die Erfahrung des Göttlichen in jeder Form, in jeder Bewegung, Aufgabe und Arbeit. Maria ist daher noch nicht am Ziel. Sie muss erst noch „Martha" werden.

Für die Mystik sind Maria und Martha keine Gegensätze, sie sind vielmehr die beiden Aspekte der einen Wirklichkeit. Kontemplation und Aktion gehören zusammen wie Potenz und Akt. Ein spiritueller Weg, der nicht in den Alltag und zum Mitmenschen führt, ist ein Irrweg. Das gilt von der Mystik aller Religionen. Das wichtigste Gelübde, das in jedem Zentempel täglich wiederholt gebetet wird, ist das Bodhisattva-Gelübde: „Die Lebewesen sind zahllos, ich gelobe, sie alle zu retten". Mitleiden mit allen Lebewesen ist die Grundtugend des Buddhismus. Wer das gemeinsame Leben, das alles durchpulst, erfährt, der erfährt Leid und Freude des anderen als eigenes Leid und eigene Freude. Und wir Christen sagen: „Wer nicht liebt, kennt Gott nicht; denn Gott ist Liebe." (1 Joh 4)

Ein deutliches Beispiel ist der Vers zum Koan 46 im Mumonkan: „Ziehe nicht den Bogen eines anderen, reite nicht

---

[16] Josef Quint, Meister Eckhart, München 1979, S. 358,21ff.

[17] Josef Quint, Meister Eckhart, München 1979, S. 397.

eines anderen Pferd". Das heißt, wenn du einen Bogen ziehst, ist es immer der eine; du reitest immer das eine Pferd. Und wenn du schlecht über einen anderen redest, redest du schlecht über dich. Die Erfahrung der grenzenlosen Offenheit und Freiheit – dieser letzte mystische Zustand – ist die Grundlage des buddhistischen Mitgefühls. Armapa drückt das in einem Gebet folgendermaßen aus: „Im Augenblick der Erleuchtung, sobald ich das ursprüngliche Antlitz des Geistes erblicke, steigt ein grenzenloses Mitleid in mir auf. Je größer die Erleuchtung, umso stärker ist das Mitleid."[18]

Aus dieser Einstellung bezieht der Buddhismus auch sein ethisches Handeln, wenngleich solche Grundwahrheiten dort wie im Christentum manchmal vergessen worden sind. In der mystischen Erfahrung brechen sie elementar auf.

Darum ist der „wahre" Mystiker nicht der Einsiedler, der auf die schnöde Welt herabschaut. Es geht um das Erfassen Gottes in den Dingen dieser Welt. Eckhart sagt dazu: „Das kann man nicht durch Fliehen lernen, indem man vor den Dingen flüchtet und sich äußerlich in die Einsamkeit kehrt; der Mensch muss vielmehr eine innere Einsamkeit lernen, wo und bei wem er auch sei. Er muss lernen, die Dinge zu durchbrechen und seinen Gott darin zu ergreifen".[19]

12. Wandel der Persönlichkeit – Wandel der Welt

Der Mystik aller Religionen geht es um einen Persönlichkeitswandel. Der Mensch soll erfahren, wer er wirklich ist. Er ist mehr als Körper und Ichbewusstsein. Die mystischen Wege wollen in eine Selbsterfahrung des ganzen Menschen führen, also auch seiner transpersonalen Existenz. Hier aber scheiden sich die Geister seit eh und je. Wer diese andere Ebene als ir-

---

[18] Garma C. C. Chang, Mahamudra-Fibel, Octopus Verlag, Wien 1979.

[19] Josef Quint, Meister Eckhart, München 1979, S. 61,16.

rational oder gar als psychopathologisch ablehnt, der klammert eine Hälfte der menschlichen Persönlichkeit bewusst aus. Er negiert damit die eigentlichen Kräfte, die einen Bewusstseinswandel im Menschen hervorbringen und ihm helfen könnten, seine Zeitprobleme zu bewältigen. Bewusstseinswandel stand am Anfang einer jeden neuen Epoche. Genau das ist das Ziel der mystischen Wege. Sie besitzen eine starke gesellschaftspolitische Relevanz.

Wir sind im Allgemeinen geneigt, unsere Probleme nach dem Grundsatz der Christlichen Arbeiterjugend zu lösen: „Sehen, urteilen, handeln". Das ist recht und gut. Wir erkennen eine Sache als falsch und ändern sie mit guten Vorsätzen und Taten. Die Mystik hat einen anderen Weg. Sie versucht, den Menschen von innen zu wandeln. Die Erfahrung der transpersonalen Ebene lässt ihn die tieferen Zusammenhänge menschlichen Lebens erkennen. Sie wandelt den Kern der Persönlichkeit. Aus dem gewandelten Menschen kommen dann neue Verhaltensweisen, Wertungen und Intentionen. Die Ethik dieser gewandelten Persönlichkeit erweist sich viel tragfähiger als willentliche Vorsätze, mit denen, wie wir sagen, oft die Straße zur Hölle gepflastert ist.

Der Mystiker ist allerdings der letzte, der sich Illusionen hingibt. Er weiß aus eigener Erfahrung, wie schwer und langwierig der Weg zum Persönlichkeitswandel ist. Daher ist er offen für jede Form der Zusammenarbeit, um die Probleme unserer Gesellschaft zu lösen.

Folgende alte Geschichte gibt einen kleinen Einblick in das, was geschehen könnte, wenn wir bereit wären, auch jenen transpersonalen Teil unserer Persönlichkeit zu Hilfe zu nehmen, um die Welt zu verändern. Es ist die Regenmachergeschichte:

In einem Dorf hatte es lange nicht geregnet. Alle Gebete und Prozessionen hatten nichts genützt, der Himmel blieb verschlossen. In der größten Not wandte sich das Dorf an den Großen Regenmacher. Er kam und bat um eine Hütte am Dorfrand und um Brot und Wasser für fünf Tage. Dann schickte er die Leute zu ihrer täglichen Arbeit. Am vierten Tage regnete es. Die Menschen kamen jubelnd von ihren Feldern und Arbeitsplätzen und zogen vor die Hütte des Regenmachers, um ihn zu feiern und nach dem Geheimnis des Rechenmachens zu fragen. Er antwortete ihnen: „Ich kann keinen Regen machen." – „Aber es regnet doch", sagten die Leute. Der Regenmacher erklärte ihnen: „Als ich in euer Dorf kam, sah ich die äußere und innere Unordnung. Ich ging in die Hütte und brachte mich selber in Ordnung. Als ich in Ordnung war, kamt auch ihr in Ordnung, und als ihr in Ordnung wart, kam auch die Natur in Ordnung, und als die Natur in Ordnung war, hat es geregnet."

Diese Geschichte sagt in ihrer Einfachheit mehr aus als viele Weltverbesserungsvorschläge und -programme.

13. Aufgabe der Religionen

Auf der intellektuellen Ebene wird es keine Einheit der Religionen geben. Daher wird die Mystik auch keinem Synkretismus das Wort reden. Die Gegensätze tun der Wahrheit aber keinen Abbruch, ist doch die eine Wahrheit zu vergleichen mit dem einen Licht, das sich in vielen Farben bricht. Die mystische Erfahrung ist das eine Licht, das sich in den vielen Facetten der Religionen ausdrückt.

Religionen haben die Aufgabe, den Menschen an das Ewige im Zeitlichen zu erinnern. Die meisten Menschen sind weit davon entfernt, das Erwachen zu Gott als letztes Ziel immer vor Augen zu haben. Zu viele suchen ihr Heil im reinen Diesseits und erhoffen sich ihr Glück in Projektionen auf Vorläufiges. Sie sind von der Vorstellung besessen, dass Karriere, Besitz, Urlaub, Sexualität, Spaß und Wellness dem Leben Sinn geben könnten und identifizieren sich ausschließlich mit ihrem Körper, ihren Gefühlen und intellektuellen Vorstellungen. Das bringt keine Sinndeutung. Wer im Egobereich stecken bleibt, bleibt auf halbem Weg stecken. Die Religionen sagen uns, dass zum ganzen Menschen das Ewige, das Göttliche gehört. Es ist der innerste Kern der menschlichen Existenz. Die Religionen waren es bis jetzt – und werden es wohl auch bleiben –, die uns das immer wieder ins Gedächtnis riefen. Ihre Vertreter und Anhänger mögen noch so unvollkommen sein, unsere Religionen bleiben der Finger, der auf Gott zeigt.

Noch aus einem anderen Grund sind sie von größter Bedeutung. Ein Mensch kann zur Erfahrung der letzten Wirklichkeit vorgestoßen sein und seine Konfession überschritten haben. Es bleibt im Allgemeinen aber das Bedürfnis, diese Wahrheit zu feiern und auszudrücken. Da bieten sich die traditionellen Formen der Religion an. Es ist gut, in einer lebendigen Tradition beheimatet zu sein, denn der Mensch braucht ein Rahmenwerk, in dem er sich selber verstehen und ausdrücken kann. Wer diese Beheimatung nicht hat, läuft Gefahr, durch eine mystische Erfahrung mehr irritiert als gefestigt zu werden. Das gilt vor allem für junge Menschen. Darum verdienen die mystischen Wege, die aus den großen Religionen kommen, volles Vertrauen. Dort findet der Mensch im Allgemeinen auch die notwendige Begleitung für den nicht ungefährlichen Weg. Er bleibt vor Überspanntheit und Übertreibung bewahrt und fällt nicht so leicht Scharlatanen zum Opfer.

Ich glaube an den göttlichen Kern des Menschen. Je mehr wir uns diesem Kern öffnen können, um so besser und schneller werden wir auch unsere gesellschaftlichen, politischen und sozialen Probleme lösen. Der Mensch der Zukunft wird ein Mystiker sein, oder er wird überhaupt nicht mehr sein. (Abwandlung eines Wortes von Karl Rahner) Er wird in diese neue Dimension des Bewusstseins hineinwachsen. Was heute noch die Ausnahme ist, wird eines Tages die Regel sein. Der Mensch wird sein mentales Bewusstsein übersteigen und ergänzen durch die transpersonale Ebene. Ihm dabei zu helfen, ist die wichtigste Aufgabe der Religionen.

III. Christliche Mystik und die östlichen esoterischen Wege

1. Rationales Erfassen und mystische Erfahrung

Die Astrophysik hat in letzter Zeit ungeheure Fortschritte gemacht und Erkenntnisse gewonnen, die uns Menschen und unsere Erde sehr bescheiden werden lassen. Wir sind absolut nicht mehr der Mittelpunkt des Weltalls, wie wir das so lange gemeint haben. Unsere Erde ist ein Staubkorn am Rande des Weltalls, beheimatet in einer relativ kleinen Milchstraße, von denen es Milliarden gibt, die meisten bei weitem größer als die unsere. Das Weltall begann wahrscheinlich vor langer Zeit mit einem Urknall und dehnt sich seitdem mit nahezu Lichtgeschwindigkeit aus. Wir hören von pulsierenden Quasaren und von schwarzen Löchern. Und man vermutet, dass dieses Weltall nach unvorstellbar langen Zeiten wieder kontrahiert. Unsere Sonne wird dann längst erkaltet sein und das Leben auf der Erde erstorben. Aber viel wahrscheinlicher ist, dass die Evolution ein zeitloses Geschehen ist und keinen Anfang und kein Ende kennt.

Wir sind auch dabei, den Mikrokosmos zu erforschen. Wir können das Atom spalten und fürchterliche Folgen heraufbeschwören. Wir können das Leben auf diesem unserem Erdenschiff vernichten. Wir haben andere subatomare Teilchen gefunden, wie etwa die Quarks. Von ihnen können wir nicht mehr angeben, wo sie sich gerade befinden und mit welcher Geschwindigkeit sie sich bewegen, ja wir können die Grenze von Materie und Energie nicht mehr unterscheiden, da diese Teilchen abwechselnd als Materie oder als Energiewellen auftreten. Wir experimentieren und rechnen zwar immer noch, aber wir wissen schon nicht mehr recht, womit wir eigentlich experimentieren.

Wir haben uns zu hüten vor der Auffassung, die Welt könnte nach rationalen Gesichtspunkten organisiert sein. Sie ist offensichtlich a-rational organisiert, und ihre innere Struktur hat nichts zu tun mit intellektuellen Überlegungen. Anders ausgedrückt: Sie hat Dimensionen, die rational nicht mehr erfassbar sind. Ich erinnere an die Theorie der Superstrings, die 10 Dimensionen postuliert. Sie definiert die Welt zehndimensional, nämlich neun räumliche Dimensionen und die Zeit. Andere Physiker fordern bis zu 26 Dimensionen.[20] Wir haben uns Menschen eine viel zu große Wichtigkeit beigemessen und viel zu genau gewusst, wer Gott ist. Wir leben aber an einem winzigen Punkt dieses Kosmos zwischen Quarks und schwarzen Löchern. Sowohl die Mikrowelt als auch die Makrowelt überfordert unser Vorstellungsvermögen.

Das rationale Bewusstsein ist nur eine Form von Bewusstsein, neben der noch andere zu uns gehören. Es betrachtet das Universum in der ihm eigenen begrenzten Art und Weise. So können wir mit ihm nur vier Dimensionen wahrnehmen. Die übrigen sind offensichtlich nur mit anderen Bewusstseinsformen erfassbar. Wirklichkeit ist etwas ganz Anderes, als uns diese sehr begrenzte Ratio erschließen kann.

Die Theologie redet von Gott nur auf der Ebene der Rationalität. Auch was wir Offenbarung nennen, ist verbalisiert auf dieser vierdimensionalen Ebene. Nun geht die Naturwissenschaft über alle traditionellen mathematischen Aussagen vom Universum bereits hinaus. Muss nicht auch die Theologie ihre rationalen Aussagen von Gott übersteigen? Warum diese ängstliche Abwehr in kirchlichen Kreisen? In der Institution hat man nach wie vor Angst vor der Mystik.

Die Mystik wusste schon immer um andere Dimensionen. Das Ich, sagt sie, muss transzendiert werden, um in die Erfahrung zu gelangen. In der Sprache der Mystik hieß das: Das Ich

---

20 Vgl. Green B. Michael, in der Zeitschrift: Spektrum der Wissenschaft, November 1986, S. 54.

muss sterben. Sie konnte die Erfahrung anderer Dimensionen ebenso wenig benennen wie die Naturwissenschaftler; denn auch sie vermag Erfahrung nicht einzufangen in eine Sprache, die auf rationalem Denken beruht. Die Naturwissenschaft erkennt heute in den östlichen esoterischen Systemen eine gewisse Verwandtschaft zu ihren eigenen Grenzerfahrungen.

Die östlichen Religionen haben beides: eine Theologie und eine Praxis, die in die Erfahrung führt. Die Theologie ist sehr vielfältig und sehr subtil. Die Praxis wird mit einem allgemeinen Namen „Tantra" genannt. Tantra kommt aus dem Sanskrit und bedeutet „weben". Über Tantra redet man nicht, man muss es tun. „Die Philosophie kann intellektuell begriffen werden, Tantra dagegen nicht. Die buddhistische Philosophie ist eine Funktion der Ratio. Tantra transzendiert das Rationale. Die subtilsten Denker der indischen Zivilisation erkannten, dass Wort und Begriff sie nur bis zu einem bestimmten Punkt brachten. Jenseits dieses Punktes lag die eigentliche Ausübung einer Praxis, deren Erfahrung unbeschreiblich ist. Das hielt sie nicht davon ab, die Praxis zu einer äußerst wirkungsvollen und hochentwickelten Reihe von Techniken auszubilden, aber es verhinderte, dass sie die Erfahrung, die diese Techniken bewirkten, beschreiben konnten."[21] Eine wichtige Funktion der östlichen Religionen besteht darin, dem Geist die Möglichkeit zu geben, Einschränkungen der Symbolik zu entkommen. Symbole sind nach dieser Auffassung alles, nicht nur Wörter und Begriffe, sondern auch Menschen und Dinge. Jenseits der Grenzen der Symbolik liegt das, was ist, reines Gewahrsein, die Erfahrung des „Soseins" der Realität.

Nichtsdestoweniger gebrauchen auch die östlichen Religionen Symbole, aber sie gebrauchen sie, um der Einschränkung der Symbole zu entkommen. Religion wird immer Symbole, d. h. Worte, Riten, Mythen, Sakramente benützen müssen. Aber sie sind nur der Finger, der auf den Mond zeigt. Wir haben als

[21] G. Zukav, Die tanzenden Wu Li Meister, Rororo 7910, 1985, S. 354.

Christen wieder zu erkennen, dass Religion ebenso sehr auf der Erfahrung beruht wie auf dem Wort. Die östlichen Religionen zeigen uns das sehr deutlich.

In naturwissenschaftlichen und transpersonalen Zeitschriften finden sich heute mehr Artikel über Mystik als in den christlichen spirituellen; denn die Mystik ist in den letzten 200 Jahren aus den christlichen Kirchen ausgewandert. Man redet zwar über Mystik, aber lehrt nicht die Wege der Mystiker; was mit ein Grund sein mag, weshalb viele Menschen unserer Zeit Antworten bei den östlichen Religionen suchen.

Die neuen naturwissenschaftlichen Erkenntnisse haben sich in unseren Vorstellungen und in unserem Reden von Gott noch zu wenig niedergeschlagen. Noch ist die christliche Religion zu sehr im Cartesianischen und Newtonschen Weltbild beheimatet. Nur die Mystik hält offensichtlich einem zeitgenössischen Weltbild stand. Sie überschritt schon immer das vierdimensionale Verständnis, um die letzte Wirklichkeit umfassender zu schauen.

Als die Bibel geschrieben wurde, sah sich der Mensch als Zentrum der Schöpfung. Das Weltall kreiste für ihn um die Erde. Er glaubte an einen Gott, der das alles gebildet hat und sorgfältig lenkt. Dieser Gott hatte sich ein Volk ausgesucht, für das er in besonderer Weise da war, mit dem er seinen Bund schloss, dem er Gesetze gab. Er zürnte von Zeit zu Zeit mit diesem Nomadenstamm (denn mehr war dieses Volk nicht) und war ihm wieder gut. Zwar erschien Gott auch damals schon unbegreiflich, aber er war im Grunde ein Superwesen, ein Patriarch, der alles überschaute und lenkte. Diese Auffassung spielt heute noch die entscheidende Rolle im Christentum, auch wenn es uns in Anbetracht unserer kosmischen Kenntnisse im Kopf schwer fällt, solch einen patriarchalischen Lenker des Universums anzunehmen, und wir es fast für eine Beleidigung halten, angesichts der Unermesslichkeit des Universums so von ihm zu reden. Das Mystische ist im Gegensatz zu den östlichen Religionen im Westen unterentwickelt. Es wird heute – vor allem wenn es Anleihen bei den östlichen Religionen macht – verdächtigt und in einen Topf geworfen mit pseudomystischen Strömungen unserer Zeit. Das wird sich sicher eines Tages ändern. Zukav, ein amerikanischer Naturwissenschaftler und Nobelpreisträger, meint in einem Buch: „Falls Bohms oder eine ähnliche Physik in Zukunft zur Hauptstoßrichtung dieser Wissenschaft werden sollte, könnten Erkenntnisse des Ostens und des Westens in außerordentlicher Harmonie ineinander übergehen. Seien Sie nicht überrascht, wenn die Vorlesungsverzeichnisse über Physik im 21. Jahrhundert Vorlesungen über Meditation enthalten."[22]

Hier ein paar Berichte von Menschen unserer Zeit, die eine mystische Erfahrung machten:

Ein Priester erzählt: „Der tiefere Konflikt in mir ist die Loslösung von einer Überlieferung, die uns sehr geprägt hat, nicht in der bewussten Ausübung der kirchlichen Tradition, nein, in einer viel tieferen, unbewussten Schicht. Und seltsamerweise kommt es mir erst jetzt zum Bewusstsein, wie sehr dieses Christentum in tausend Abwandlungen verfremdet wurde und noch als Grundmotiv in unserem Denken und in der Kultur mitschwingt. Wenn sich nun das Bild, das Jesus Christus uns gegeben hat, das Bild vom Vater-Gott, auflöst, dann ist es schwer, sich in völlig neuer Wirklichkeit zurechtzufinden. Jesus hat den Menschen dieses Bild gegeben, weil sie es schon in sich trugen … Unsere Zeit aber erträgt die Begrenzung nicht mehr. Vor ein paar Tagen las ich etwas von einem orthodoxen Priester über Kontemplation: ‚… wenn du Gott schaust, siehst du nichts, und das ist genau der Punkt: wenn du auf nichts schaust, dann gibt es keine Erfahrung oder Erkenntnis. In der Tat, da ist, was Gott ist, Gott ist nichts.' Und gleich darauf sah ich ‚Nichts'. Es war die zaunlose Wirklichkeit, die radlose Wirklichkeit, und alle meine Anhänglichkeit war in diesem Sehen verschwunden …

[22] A.a.O., S. 351.

Je mehr Ichbewusstsein wegfällt, desto mehr ist man in dieser inneren Wirklichkeit, in diesem ‚Nichts'. Es war, als ob die Vergangenheit und die Zukunft aufgehört hätten zu bestehen. Ich konnte mich nicht einmal dazu bringen, mich zu erinnern. Da war nur die Freiheit des Sehens, des Hörens und des Tuns."

Eine Frau: „Ich befinde mich seit geraumer Zeit in einem inneren Zwiespalt mit meiner Kirche; das Nest ist über Nacht zu eng geworden. So bin ich – von meiner Umgebung unbemerkt – heimlich ‚ausgewandert', habe das äußere Gefüge von Formen und Strukturen zurückgelassen und möchte doch Menschen dorthin führen, wo sie in religiöser Beheimatung ihren Lebensgrund als kostbaren Schatz entdecken und erleben! … Religion ist etwas Anderes als das, was die Kirche ‚veranstaltet'. Wenn ich hinterfrage, was meinen Rückzug aus gewohnten Strukturen – besonders aus dem gesamten liturgischen Bereich – bewirkt hat, so kann ich mein Verhalten rational nicht erklären, ebenso wenig psychologisch … Eine starke Sehnsucht nach Verinnerlichung religiöser Erfahrung bestimmt wohl meine Fluchthaltung auf liturgischem Gebiet: Flucht vor Zeremonien, Riten, Gebärden, Worten, Bildern, Dekorationen, Zeichen, in denen der religiöse Mensch sich zum Ausdruck bringt … Gott, der in mein Leben als eine so machtvolle Wirklichkeit eingebrochen ist, möchte den Seelengrund ganz ausfüllen. Das ist wie eine Kernumwandlung, in der Einswerdung geschieht, und ich kann diesen Prozess der Umwandlung, der Verschmelzung derzeit nur geschehen lassen, ohne ihn zeichenhaft umzusetzen. Ich verstehe meine Veränderung, die vielleicht nur eine Durchgangsphase darstellt, selber nicht. Und es schmerzt mich, dass ich nicht wie früher mit Euch ‚feiern' kann. Die Form dafür ist noch nicht geboren."

Es gibt sehr viel mehr Mystiker in unserer Zeit, als man landläufig vermuten mag. Mystische Erfahrung transzendierte immer und überall dogmatische Einengungen, wenn sie auch oft genug gezwungen war, sich in herkömmliche Begriffe und Symbole zu pressen. Im Abendland ist sie, seitdem die Gnosis aus dem Christentum verbannt worden war, in Seitenströmungen aufgetaucht, z.B. in der Alchemie, in der Astrologie, aber auch in der Theosophie, der Philosophia perennis und in Teilen der Psychologie, vor allem in der Transpersonalen Psychologie. Menschen, die erschütternden religiösen Erfahrungen ausgesetzt sind, suchen nicht zuletzt deshalb oft in therapeutischer Behandlung Hilfe, weil sie von den kirchlichen Organen nicht verstanden werden. Es gibt eine internationale Organisation namens „Spiritual Emergency Network", in der vor allem Psychologen, Therapeuten und Sozialarbeiter zusammengeschlossen sind. Diese Organisation gibt Anschriften von Personen, an die man sich wenden kann, wenn man mit einem transpersonalen Erlebnis nicht zurechtkommt. Die Not solcher Menschen drückt der folgende Bericht einer jungen Frau aus:

„Bei meiner Erstkommunion hatte ich ein tiefes Erlebnis. Was ich bis dahin geglaubt hatte, nämlich, dass Gott *ist,* erfuhr ich an diesem Tag mit meinem ganzen Sein. Und Gott war nicht nur in mir. Er war in allen Menschen um mich herum und er war überall. Er war die Mitte aller Dinge. Dieses Erlebnis war so stark, dass ich es mitteilen musste. Aber mein Seelsorger, an den ich mich wandte, sagte mir: ‚Du hast dir etwas eingebildet; du hast phantasiert.' Diese Antwort schockierte mich, denn die Tiefe des Erlebnisses machte es mir unmöglich, es mit Einbildung oder Phantasie zu bezeichnen. So trug ich es mit mir herum, bis ich im Alter von ungefähr 18 Jahren anfing, nach Erklärungen zu suchen. Da ich in der christlichen Kirche vergeblich suchte, ging ich zu den Theosophen. Unter ihnen erfuhr ich, dass dieses Erlebnis, das noch heute mein Leben bestimmt, eine echte mystische Erfahrung war. In der Theosophie erfuhr ich auch von Wegen, die in eine solche Erfahrung führen können. Ich bin heute noch dankbar, gläubige Menschen gefunden zu haben, die mich verstehen."

Es ist für das Selbstverständnis des Menschen wichtig, dass er seine religiöse Erfahrung einordnen kann. Wenn ihm das nicht gelingt, schlittert er leicht in eine Neurose. Seine Erfahrung hat ihm nämlich ein ganz neues und überzeugendes Verständnis von Wirklichkeit gegeben, das aber der Überzeugung der Umgebung widerspricht und deshalb vom Ich nur äußerst schwer im alltäglichen Leben aufrechterhalten werden kann.

Religiöse Erfahrung entlässt den Menschen immer mehr in die Selbständigkeit. Besonders auffällig ist dies bei Frauen. Nach meiner Erfahrung gelangen Frauen viel häufiger und eher in einen mystischen Bewusstseinsraum als Männer. Offensichtlich spielen weibliche Qualitäten dabei eine Rolle, das Sich-lassen-, Sich-hingeben-, Sich-öffnen- und Aufnehmen-können. Das fällt dem östlichen Menschen leichter, und darum wurde mystische Erfahrung dort immer als zentrales Anliegen anerkannt. Heute entdecken Frauen vielfach dieses ihr weibliches Erbe, das sie für die Mystik öffnet. Das macht Männern Angst. So manche Frau hat mich darauf hingewiesen, dass das mangelnde Verständnis einer von Männern geführten Kirche ihren Auszug aus der Institution bewirkt hat. Dabei wäre gerade die Entwicklung der weiblichen Qualität im Westen und im abendländischen Christentum, die grundlegend ist für eine Fortführung der mystischen Tradition, die beste Antwort auf die religiöse Sehnsucht des westlichen Menschen. Heute, im Zeitalter der großen Kommunikationsmöglichkeiten, haben wir die Chance, vom Osten zu lernen und damit unsere mystische Tradition wieder zu beleben. Nach Karl Rahner ist das die Voraussetzung für ein Überleben des Christentums. Im Kreise seiner Mitbrüder ergänzte er sein berühmtes Wort vom Frommen der Zukunft, der einer sein wird, der etwas erfahren hat, indem er durchblicken ließ, dass die Christenheit, sofern sie nicht mystisch geprägt ist, keine Überlebenschancen hat und ausstirbt.
(*Rahner,* Mystical Experience, S. 90f.)

2. Exoterik und Esoterik in den Religionen

Der Unterschied in der Religion verläuft für mich nicht mehr zwischen den einzelnen Religionen, also nicht zwischen Buddhismus, Christentum, Islam und Hinduismus – um nur die großen zu nennen –, sondern zwischen esoterischer und exoterischer Spiritualität. Ich muss hier kurz erklären, was ich unter Esoterik und Exoterik verstehe, um nicht auf Missverständnisse zu stoßen. Esoterik kommt vom griechischen Wort „esoteros" = drinnen, innerhalb. Exoterik kommt von „exoteros" = populär, für Laien verständlich. Mit dem Wort Esoterik benenne ich eine Spiritualität, die auf Erfahrung zielt und in diesem Ziel auch den Sinn der Religion sieht. Mit Exoterik bezeichne ich eine Spiritualität, die ausschließlich auf Schriften, Dogmen, Ritual oder Symbolik beruht. Ein Esoteriker ist also nicht ein Mensch mit elitärem Bewusstsein, sondern ein Mensch, der sich auf den Weg gemacht hat, das Göttliche in sich und in allem zu erfahren.

Der fundamentale Unterschied in den Religionen besteht also nicht zwischen den Lehren und Riten der einzelnen Religionen, sondern zwischen ihrer esoterischen oder exoterischen Spiritualität. Der Schnitt verläuft horizontal, nicht vertikal. Ich möchte das mit einem Bild anschaulich machen:

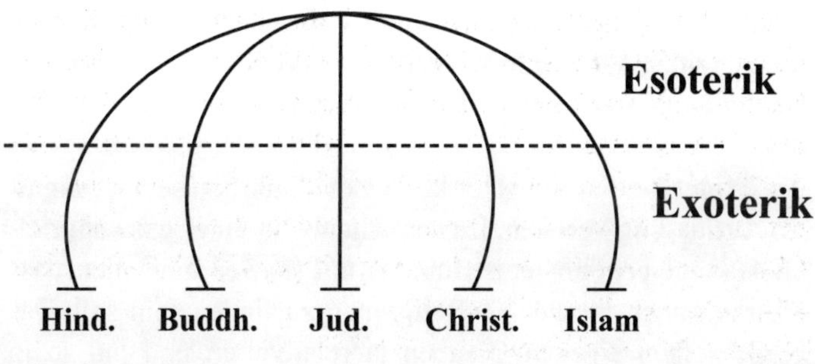

Die letzte Wirklichkeit, von den verschiedenen Religionen verschieden benannt (das Absolute, die Gottheit, das Tao, Sunyata, Nirvana), entzieht sich jeder Benennung oder Sichtbarmachung durch Verstand und Sinne. Der Versuch, ihr einen für alle akzeptablen Namen zu geben, trennt die Religionen. Daher kam es in der Geschichte immer wieder zu Glaubenskriegen, zu Verfolgungen, Verleumdungen, Herabsetzungen usw. Heute sind wir wenigstens, wenn auch nicht durchweg, beim Dialog angekommen. Religionen sind Wege, auf denen der Mensch zu seinem Ursprung zurückgeführt werden soll, zu dem, was wir unser „tiefstes Wesen" nennen oder auch das „Göttliche" in uns und in allem, was existiert.

Die Erfahrung ist so tief in der menschlichen Existenz verborgen, dass sie jedem Mitteilungsversuch widersteht. Das ist der Grund, warum der Mystik oft Vernunftfeindlichkeit und elitärer Erleuchtungsdünkel vorgeworfen wird. Wird diese Erfahrung dann doch artikuliert, kann sie von Exoterikern nur schwer angenommen werden, weil sie für den Intellekt nicht einsichtig ist. Die Esoteriker dagegen können Ausformulierungen eines Glaubens durchaus akzeptieren, wenn diese nicht absolut gesetzt werden. So hat die Mystik in der Geschichte tatsächlich diese Doppelgesichtigkeit: Sie kann Dogmen wirkungsvoll unterstützen oder unterminieren. An Eckharts Schriften wird deutlich, dass Mystik nicht im Gegensatz zu subtilen theologischen Überlegungen stehen muss. Trotzdem hatten die Mystiker in den meisten Religionen an der Härte der Institution zu leiden. Viele wurden nicht nur exkommuniziert, sondern auch in Gefängnisse geworfen und verbrannt.

Der Exoteriker hat Angst, er könnte die Wahrheit seiner religiösen Auffassung verraten. Da sein Glaube in einer ganz speziellen Aussage beheimatet ist, kann er nur schwer annehmen, dass Wahrheit auch in anderen Religionen zu finden sein soll. Das würde seinen eigenen Glauben ja relativieren und ihn so in große Unsicherheit führen, weil seine Glaubenssicherheit doch gerade im Unterschied zu anderen Religionen liegt. Von toleranteren Menschen wird zwar zugegeben, dass auch in einer anderen Religion Wahrheit zu finden ist, aber auch bei ihnen herrscht noch die Meinung vor, dass die andere Religiosität doch immer nur weniger sein kann als die eigene.

Die Wahrheit, die allen gemeinsam ist, liegt im Herzen jeder Religion. Da diese Wahrheit aber sämtliche Formen transzendiert, ist es offensichtlich nur wenigen Menschen vergönnt, zu ihr vorzustoßen. Daher behält die exoterische Religion ihre Bedeutung. So wenig wie der Mensch ohne Körper leben kann, so wenig kann eine Religion ohne Ausdrucksformen existieren. Heilige Schriften, Theologie und Ritus sind gleichsam die Landkarte, nach der ein gläubiger Mensch seinen Weg zu Gott findet. Er braucht Richtung, Ermutigung und Begleitung, damit er seinen Weg nicht verliert. Der Mensch lebt in einer Welt von Symbolen, Bildern und Formen, und auch um eine Religion mitzuteilen, braucht es diese Ausdrucksformen. Das Gesagte richtet sich also nicht gegen Religion an sich, sondern nur gegen ein verengtes, ausschließlich exoterisches Glaubensverständnis.

Religion ist vergleichbar mit einem Glasfenster. Es bleibt dunkel, wenn es nicht von hinten durch das Licht erhellt wird. Dieses Urlicht ist selbst nicht sichtbar, bekommt aber im Glasfenster der Religion Struktur und wird für jeden Menschen begreifbar. Obwohl Religion oft die Tendenz hat, ihre Anhänger auf die Strukturen des Fensters festzulegen, sollten wir nie vergessen, dass nicht das Glasfenster das Letzte ist, sondern das Licht, das dahinter leuchtet. Nur wer hinter all den Strukturen das Licht Gott sieht, hat Sinn und Ziel der Religion verwirklicht. Die Gefahr besteht darin, dass die Symbole und Bilder von Gott die Wirklichkeit, die sie aufleuchten lassen sollen, mehr verdecken als erhellen.

3. Bedeutung der östlichen Esoterik für die westliche Mystik

Zen half mir, einen wichtigen Teil unserer christlichen Spiritualität zu verstehen, der in der traditionellen Gebetslehre verloren gegangen ist, nämlich das mystische Element. Das Christentum lehrt gewöhnlich mündliches und meditatives Gebet, ein bestimmtes moralisches Verhalten und soziales Engagement. Das ist aber nicht viel mehr als die Elementarschule einer Religion. Viele Christen bleiben in den Kinderschuhen stecken. Wenn sie erwachsen werden, lassen sie diese kindlichen Formen fallen, haben aber nie eine Erwachsenenform des Gebetes gelernt. Das ist so in fast allen Religionen. Auch im Buddhismus und Hinduismus kommen die meisten Anhänger über eine sehr einfache Form nicht hinaus. So sind meines Erachtens alle Religionen erst auf dem Weg, sich aus dem kindlichen Selbstverständnis in eine Erwachsenenform zu entwickeln.

Ich unterscheide zwischen Spiritualität und Religion. Spiritualität lehrt einen Weg in die Erfahrung und befasst sich mit dem, was erfahren wird. Religion dagegen ist Unterweisung, die sich zum Dogma entwickelt hat. Diese Dogmen stammen wohl aus der Erfahrung, haben sich aber verabsolutiert und werden nur von wenigen Gläubigen als Erfahrung nachvollzogen. In der Esoterik gibt es eine Unterweisung, aber kein Dogma. Die „Lehre“ bezieht sich hier auf das Gehen des Weges, um zu einer eigenen Erfahrung zu kommen.

Diese Gedanken legen möglicherweise das Missverständnis nahe, es könnte Esoterik allein geben. Religion braucht immer die beiden Säulen Esoterik und Exoterik, sonst verfehlt sie leicht ihr Ziel. Auch Esoteriker sind über die Religion auf den Weg in die Erfahrung gekommen. Sie werden Religion nie ablehnen, aber sie erkennen klar die Einseitigkeit, die jede Formulierung mit sich bringt. Weil der Mensch ein Leib-Geist-Wesen ist, braucht er Religion als Konfession und braucht Sprache als Ausdrucksmittel. Aber wahre Religion versucht, über sich hinauszuführen zur Erfahrung des Göttlichen.

Die christliche Religion ist meine Heimat, auch wenn ich mich nicht mit allem identifizieren kann, was die Tradition daraus gemacht hat. Wir haben ein großes Erbe erhalten, und nur wenige von uns wären auf den Weg der Kontemplation gekommen, wenn sie das Christentum nicht auf die Spur gesetzt hätte. Ich fühle mich für dieses Erbe verantwortlich und möchte einiges wieder ans Licht holen, was meiner Ansicht nach verschüttet ist.

4. Esoterik und Alltag

Der Esoterik geht es nicht in erster Linie darum, den Geist auf eine Stufe des Erfahrens zu heben, auf der er das Eingebundensein ins Irdische vergisst. Sie soll vielmehr jenen Klarblick bringen, der alle Ichzentrierung beseitigt und die Welt in ihrem Sosein begreifen lässt. Das allein führt auch zu jener umfassenden Liebe, die unser menschliches Leben erst möglich macht.

Es gibt ein altes Mandala, das sowohl im Osten wie im Westen bekannt ist und den Standort des Mystikers klar und deutlich ausdrückt: zwei übereinander stehende Kreise, die sich in ihrem mittleren Teil überlappen. Im Christentum nennen wir es Mandorla. Jesus Christus in der romanischen Kunst wie auch Shakyamuni Buddha in den Bildnissen des Buddhismus werden in diesen beiden Kreisen abgebildet. Das Mandala ist wohl älter als beide Religionen. Es kennzeichnet die Übernatur und die Natur, das Göttliche und das Menschliche, Geist und Materie. Dort, wo sich die beiden Kreise überschneiden, sitzt der „Gott-Mensch". Dort ist die Stelle, wo beide Aspekte der Wirklichkeit in eins zusammenfallen.

Die Mandorla bezeichnet die Vereinigung der scheinbaren Gegensätze, die coniunctio oppositorum oder, wie Nikolaus von Kues sagen würde, die coincidentia oppositorum. Es ist die bipolare Einheit, von der die Mystik spricht. Unser Ichbewusstsein teilt die Wirklichkeit in Subjekt und Objekt, unser wahres Selbst dagegen erlebt Einheit und Harmonie. In der Mandorla fallen die beiden Aspekte zusammen. Nikolaus von Kues schreibt: „Ich habe den Ort gefunden, in dem man Dich unverhüllt zu finden vermag. Er ist umgeben von dem Zusammenfall der Gegensätze (coincidentia oppositorum). Dies ist die Mauer des Paradieses, in dem Du wohnst. Sein Tor bewacht höchster Verstandesgeist (spiritus altissimus rationis). Überwindet man ihn nicht, so öffnet sich nicht der Eingang. Jenseits der Mauer des Zusammenfalls der Gegensätze vermag man Dich zu sehen, diesseits aber nicht."[23]

Esoterik meint also nicht Ausstieg aus der Welt. Im Gegenteil, sie sieht die Welt und die Wirklichkeit, wie sie ist, und nicht, wie sie uns Sinne und Verstand vorgaukeln. Unser menschlicher Reifungsprozess besteht darin, diese beiden Kreise mehr und mehr zur Deckung zu bringen. Esoterik und Exoterik gehören zusammen. Auch im Johannesevangelium gibt es Stellen, die Ähnliches beinhalten, wenn Jesus z.B. zu den Jüngern sagt: „Jeder, der mich gesehen hat, hat den Vater gesehen." (Joh 14,9) Noch deutlicher sprechen manche apokryphen Texte von dieser Einheit. „Wenn ihr die zwei zu eins macht und wenn ihr das Innere wie das Äußere macht und das Äußere wie das Innere und das Obere wie das Untere und wenn ihr das Männliche und das Weibliche zu einem Einzigen macht, so dass das Männliche nicht mehr männlich und das Weibliche nicht mehr weiblich ist,... dann werdet ihr ins Reich eingehen."[24]

Letztlich geht es in der Esoterik um ein neues Erfahren und Erfassen der Wirklichkeit. Die wahren esoterischen Wege führen nicht aus dieser Welt hinaus, sondern hinein in den Augenblick, ins Leben. Es geht nicht um Weltverachtung, sondern um

---

[23] Nikolaus von Kues, Studienausgabe III., S. 133.

[24] Thomasevangelium Nr. 22, zitiert nach: Apokryphe Evangelien aus Nag Hammadi, Andechs 1988, S. 198f.

eine ganz neue Form der Weltliebe. Damit kommen wir zum Wesen der Mystik des Westens und des Ostens: Religion ist das Leben und das Leben ist Religion. Wenn ich erfahre, dass mein Aufstehen am Morgen und das Anziehen der Hausschuhe ein tiefreligiöser Akt ist, dann habe ich erkannt, was Religion ist. Aber das ist wohl ohne tiefe Erfahrung nicht möglich. In der Eucharistie verkünden wir feierlich, dass da nicht nur Brot ist (also nicht nur die Form), sondern dass hier das wesenhaft Göttliche in dieser Form erscheint. Wir sollen darin also die beiden Aspekte der Wirklichkeit, Form und Leere, Gott und Materie erkennen. Wir verkünden in der Eucharistie feierlich, dass nichts existiert, was nicht Gott ist, und dass wir eigentlich auch unser Frühstück erfahren müssten als die Ausdrucksform des Göttlichen. Es ist eine heilige Handlung, sein Leben hier und jetzt zu leben. Letztlich ist das Sakrament des Augenblickes nichts anderes als die ständige Kommunion mit Gott.

5. Abbau von Vorurteilen

Die Esoterik soll jenen Klarblick bringen, der alle Ichzentrierung beseitigt und die Welt in ihrem Sosein begreifen lässt. Dieses Sosein wird von den Religionen verschieden benannt. Der Osten nennt es oft „Leerheit", was sich im europäischen Sprachgebrauch am ehesten mit dem Wort „das Numinose" oder „das Absolute" übersetzen lässt. Eckhart würde das Wort „Gottheit" gebrauchen. Alle Dinge sind im Grunde ohne selbständige und dauerhafte Substanz. Sie sind reine Erscheinungsformen, die außerhalb des Göttlichen – also außerhalb der Leerheit – nicht auftreten können. Wenn der Osten sagt: „Alle Dinge sind leer", so heißt das nicht, dass die Dinge nicht existieren, sondern dass sie nichts als bloße Erscheinungsformen sind. Die Dinge haben keine ihnen eigene Existenz. Die Leerheit macht die Form also erst möglich und verbindet gleichzeitig alle Formen.

Alles hier Gesagte kann sehr leicht verwechselt werden mit Monismus, Pantheismus, Quietismus, Animismus, Gnostizismus oder – um neuere geistige Strömungen zu nennen – mit Anthroposophie, Theosophie, Christian Science. Aber das stimmt nur, wenn ich die mystische Erfahrung von der rationalen Ebene her zu deuten versuche, auf der sie einfach nicht fassbar ist. Die mystische Spiritualität ist die reife Religiosität, die aus jeder Religion hervorgehen kann. Alles ist mit Gott wesenseins. Es gibt keinen Lebens- oder Erlebnisbereich, der davon ausgenommen wäre. Das ist die Aussage jeder Mystik, sofern sie sich frei und unzensiert ausdrücken darf.

Wir haben Mystik auch zu befreien von aller Bigotterie, Frömmelei, ja von dem, was wir im Christentum Gabe der Prophetie oder Visionen nennen. Damit ist nicht gesagt, dass sich so etwas in der Mystik nicht ereignen könnte. Es kann für den Einzelnen und vielleicht auch für eine Gruppe von Bedeutung sein. Eine mystische Erfahrung kann aber auch etwas sehr Banales sein und den Menschen doch vollkommen erfüllen. Sie muss sich absolut nicht in religiöser Sprache ausdrücken. Ihre ureigenste Sprache im Westen ist das Liebeslied. Im Zen weiß man, dass ein mystisches Erlebnis im Bad und auf der Toilette, im Geschlechtsverkehr und beim Holzhacken auftreten kann. Das Göttliche offenbart sich in allem und immer dann, wenn uns geschenkt ist, loslassen zu können.

Ein weiterer Einwand ist der, dass in der Esoterik das Gottesverständnis der Subjektivität des Einzelnen unterworfen bliebe. Für eine echte Erfahrung gibt es Kriterien, die freilich wiederum in der eigenen Erfahrung begründet und daher rational nicht festlegbar sind. Das macht jeden Esoteriker machtlos, wenn er Beweise bringen soll. Darum wird die Mystik so lange den Kürzeren ziehen müssen, bis ein größerer Teil der Menschheit mit einer solchen Erfahrung beglückt wurde. Die Zahl der Menschen, die transpersonale Erfahrungen machen, ist im Wachsen. Leider müssen sich viele außerhalb der organisierten Kirchen etablieren, weil sie innerhalb abgelehnt werden.

Noch ein Vorurteil soll angesprochen werden: Kontemplation sei Selbsterlösung. Weder Zen noch die höheren Formen des Yoga noch Kontemplation haben etwas mit Selbsterlösung zu tun. Erlösung ist immer da. Sie wird vom Menschen nicht gemacht. Er kann sich nur bereiten, sie zu erfahren. Er kann nur versuchen, die Schichten abzutragen, die ihn von ihr trennen. Wie das Verhältnis zwischen göttlicher Gnade und menschlichem Bemühen zu sehen ist, sagt Eckhart im folgenden Text: „Es ist ein Augenblick: das Bereitsein und das Eingießen. Wenn die Natur (gemeint ist der Mensch und sein Bemühen) ihr Höchstes erreicht, dann gibt Gott die Gnade; im gleichen Zeitpunkt, da der Geist (des Menschen) bereit ist, geht Gott in ihn ein, ohne Verzug und ohne Zögern."[25]

Ich halte es für wichtig, dass wir so manches, was wir im Lauf der Geschichte mit Irrlehre bezeichnet haben, neu in Augenschein nehmen. Der wirkliche Dialog zwischen den Religionen wird in Zukunft auf der Ebene der Erfahrung geführt und nicht auf der Ebene der Theologie. Die Zahl der Menschen, die transpersonale Erfahrungen machen, ist im Wachsen. Bleibt zu hoffen, dass die christlichen Kirchen die Zeichen der Zeit erkennen und sich nicht gegen den neuen religiösen Aufbruch stellen, sondern in ihrer eigenen Tradition wiederfinden, was die Menschen heute so sehnsüchtig suchen.

C. G. Jung hat die ganze Problematik einmal auf einen sehr einfachen Nenner gebracht. Mystik ist für ihn nicht eine Sache des Glaubens, sondern der Erfahrung. Er schreibt: „Religiöse Erfahrung ist absolut. Man kann darüber nicht diskutieren. Man kann nur sagen, dass man niemals eine solche Erfahrung gehabt habe, und der Gegner wird sagen: ‚Ich bedauere, aber ich hatte sie.' Und damit wird die Diskussion zu Ende sein. Es ist gleich-

[25] Josef Quint, Meister Eckhart, S. 436,9 ff.

gültig, was die Welt über die religiöse Erfahrung denkt; derjenige, der sie hat, besitzt den großen Schatz einer Sache, die ihm zu einer Quelle von Leben, Sinn und Schönheit wurde und die der Welt und der Menschheit einen neuen Glanz gegeben hat."[26]

---

[26] C. G. Jung, Zur Psychologie westlicher und östlicher Religion, Band II, Olten 1971, S. 116.

IV. Psychologische Aspekte des inneren Weges

A. Achtsamkeit

1. Die Übung der Achtsamkeit

Eines Tages sagte ein Mann aus dem Volk zu Zen-Meister Ikkyu: „Meister, wollt Ihr mir bitte einige Grundregeln der höchsten Weisheit aufschreiben?"

Ikkyu griff sofort zum Pinsel und schrieb: „Aufmerksamkeit".

„Ist das alles?" fragte der Mann, „wollt Ihr nicht noch etwas hinzufügen?"

Ikkyu schrieb daraufhin zweimal hintereinander: „Aufmerksamkeit. Aufmerksamkeit".

„Nun", meinte der Mann ziemlich gereizt, „ich sehe wirklich nicht viel Tiefes oder Geistreiches in dem, was Ihr gerade geschrieben habt."

Daraufhin schrieb Ikkyu das gleiche Wort dreimal hintereinander:

„Aufmerksamkeit. Aufmerksamkeit. Aufmerksamkeit"

Halb verärgert begehrte der Mann zu wissen: „Was bedeutet dieses Wort ‚Aufmerksamkeit' überhaupt?"

Und Ikkyu antwortete sanft: „Aufmerksamkeit bedeutet Aufmerksamkeit."[27]

Ein Rabbi wurde einmal gefragt, warum er trotz seiner vielen Beschäftigungen immer so gelassen sein könne. Er sagte:

Wenn ich stehe, dann stehe ich;
wenn ich gehe, dann gehe ich;
wenn ich sitze, dann sitze ich;

[27] Aus: Zenso Mondo – Dialoge von Zenmeistern.

wenn ich esse, dann esse ich;
wenn ich spreche, dann spreche ich …
Da fielen ihm die Fragesteller ins Wort:
Das tun wir auch,
aber was machst du noch darüber hinaus?
Er sagte wiederum:
Wenn ich stehe, dann stehe ich;
wenn ich gehe, dann gehe ich;
wenn ich sitze, dann sitze ich;
wenn ich esse, dann esse ich;
wenn ich spreche, dann spreche ich . . .
Wieder sagten die Leute:
Das tun wir doch auch. Er aber sagte zu ihnen:
Nein,
wenn ihr sitzt, dann steht ihr schon;
wenn ihr steht, dann lauft ihr schon;
wenn ihr lauft, dann seid ihr schon am Ziel.

Achtsamkeit ist wohl die schwerste, aber auch wichtigste asketische Übung. Sie ist eine ständige Unterbrechung der Ichbefriedigung; denn der achtsame Mensch fließt nicht mehr mit dem Strom der Gewohnheit und lässt seinem Bewusstsein nicht den willkürlichen Lauf, der ein Vordringen in die Tiefen verhindern würde. Mit der Übung der Aufmerksamkeit werden wir in unser tiefes, wahres Selbst – also weg vom Ich – geführt und so nicht mehr von einer egoistischen Denkweise beherrscht. Auch andere asketische Übungen und Entbehrungen mögen zeitweise notwendig sein, wie z. B. Entzug von Schlaf, von Komfort, Nahrung und sexueller Befriedigung. Sie sollen den Zugang zu unseren tieferen Schichten erleichtern. Um in Kontakt zum wahren Leben zu kommen, scheint jedoch diese Übung der Aufmerksamkeit wichtiger als alle anderen.

„Unser Ichbewusstsein ist wie ein Affe", sagt ein Zen-Sutra. Ein Affe schwingt von Ast zu Ast, von Baum zu Baum durch den ganzen Wald. Manchmal sollten wir ihm zuschauen und erkennen, dass es nur ein Affe, nicht unser Bewusstsein ist. Wir sollten ihn aber nicht davonjagen. Es ist besser, einfach zurückzukehren zu unserer Übung.

2. Formen der Achtsamkeit

a) Die Achtsamkeit im Körper

Damit ist die Aufmerksamkeit für den Atem gemeint, für die Wahrnehmungen der Sinne, für die verschiedenen Bewegungen der Glieder, für alles, was sich auf der physischen Ebene im Körper abspielt.

b) Die verschiedenen Formen des Fühlens

Das sind z.B.: angenehm, unangenehm, neutral. Mit allem, was wir erleben, kommt auch eine Qualität des Fühlens auf. Wenn dieses Fühlen stark wird, wird es zum Objekt in der Übung. Des Fühlens wegen wünschen wir Dinge oder lehnen sie ab. Wir sollen diese Gefühle anschauen, aber uns nicht mit ihnen identifizieren.

c) Stimmungen in unserem Bewusstsein

Wenn wir ärgerlich sind, sollen wir wissen und zugeben, dass wir ärgerlich sind. Wenn wir Angst haben, sollen wir uns eingestehen, dass wir Angst haben. Wenn wir uns freuen, sollen wir das tun, ohne zu urteilen. Diese psychischen Vorgänge sind so wirklich wie materielle Dinge. Aber so wenig wie wir uns mit der Materie identifizieren, sollen wir uns mit diesen Abläufen identifizieren; denn „Ärger“ bin ich nicht, „Freude“ bin ich nicht, es ist nur eine Stimmung in meiner Psyche. Unser Bewusstsein ist ständig gefärbt von solchen Stimmungen. Wenn wir uns klar darüber sind, dass dieser Zustand nur im Außenraum herrscht, werden wir davon nicht umgetrieben; wir können dann gleichsam zuschauen, wie sich in unserem Ich eine Show abspielt. Wenn wir uns aber mit der Show identifizieren, leiden wir. Wenn es uns gelingt, Distanz zu halten, ist zwar diese Stimmung oder dieses Gefühl nicht weg, aber wir werden nicht mehr mitgerissen. Angst wird dann nicht zur Panik und Freude nicht zur Euphorie. Man wird zum Zuschauer, der die Vorgänge in der eigenen Psyche auftauchen und vergehen sieht.

d) Intellektuelle Vorgänge

Auch Gedanken kommen und gehen. Wir müssen lernen zuzuschauen, ohne uns zu identifizieren. Dann merken wir allmählich, wie zwischen dem Kommen und Gehen Pausen entstehen. Wenn man achtsam in sein Inneres schaut, verlangsamen sich die Vorgänge, und man wird ruhig und friedlich. Das ist die erste Erfahrung der Ruhe.

3. Das Ich – Schnittpunkt unserer Gedanken, Gefühle und Begierden

Was wir unser Ich nennen, ist nichts anderes als der Schnittpunkt unserer Gedanken, Gefühle, Begierden und Emotionen. Der Weg der Kontemplation lehrt uns, die Identifikation mit diesen Äußerungen unserer Psyche zurückzunehmen. Eine Kränkung ist dann z. B. noch da, die Aggression plagt uns noch, aber wir nehmen Abstand von diesen Regungen. Der Übungsweg hilft uns, auf eine Ebene zu gelangen, auf der die Fixierung an Gedanken oder Gefühle aufgehoben wird. Die Angst kann auf der Ichebene also durchaus weiterexistieren, Wut kann mich weiter plagen, aber ich erfahre, dass mein eigentliches Wesen sehr viel tiefer liegt und von all dem nicht erschüttert werden muss. Ich lerne, Gefühle zuzulassen und zu haben, ohne von ihnen besetzt oder blockiert zu sein. Letztlich versuchen wir, diese Bewegungen unserer Psyche nicht zu verdrängen, sondern sie zu lassen. Lassen heißt aber nicht, dass wir sie loswerden wollen.

Damit kommen wir zum eigentlichen Problem. Wenn wir etwas loswerden wollen, verdrängen wir. Wer Traurigkeit, Hoffnungslosigkeit, Wut und Angst loswerden will, wird davon nur wieder eingeholt. Bestenfalls verstecken sich diese Regungen tief im Unbewussten, wo ihnen nur schwer beizukommen ist, und stören von dort. Der Mensch steht ihnen dann hilflos gegenüber.

Wir dürfen nichts verdrängen. Was da ist, ist da. Schau hin, akzeptiere es, lass es kommen! Befreunde dich mit der Angst und der Wut! Sie gehören zu dir. Du schneidest dir ja auch nicht die Zehe ab, wenn sie dir weh tut. Versuche es einmal mit Traurigkeit: Nimm sie an, aber wälze dich nicht in ihr. Mach nichts Besonderes daraus. Schau sie an. Sie gehört zu dir. Geh dann wieder in deine Übung. Traurigkeit kann ein guter Ausgangspunkt sein für die Übung.

Nicht wenige Menschen werden von Angst geplagt. Sie wissen nicht warum. Sie wissen nicht, woher sie kommt, und wissen nicht, wo sie sich versteckt. Sag „Ja" zur Angst. Sag: „Ja, ich habe Angst". Nimm sie mit in deine Übung. Lass sie darin untergehen. Wenn wir Angst oder Traurigkeit verdrängen, verkleiden sie sich und verstecken sich in irgendeinem Winkel der Psyche. Wenn sie dann auftauchen, kommen sie mit einem ganz anderen Gesicht, etwa als Aggression, als Stolz, ja vielleicht sogar als Tugend, die uns eine Zeitlang täuschen können.

Wenn wir dieser Raffinesse nicht zum Opfer fallen wollen, müssen wir erkennen, dass Traurigkeit, Eifersucht, Aggression usw. zur psychischen Energie unserer Persönlichkeitsstruktur gehören und damit zum Leben und dass sie letztlich genauso Äußerung des Göttlichen sind wie Freude, Friede und Ausgeglichenheit. Alles, was wir sein lassen können, hat die Tendenz, ins Angenehme überzuwechseln. Wogegen man sich aber wehrt, das packt einen.

Wir üben reine Beobachtung, reine Aufmerksamkeit ohne jede Wertung, ohne Besetzenlassen. Emotionen müssen unbeirrt und standhaft durchlebt werden. Kein Kommentar, kein Fortziehenlassen, kein Verzerren. Das Gefühl ist wie eine Wolke, die über den blauen Himmel zieht, ihn vielleicht verdunkelt, aber nicht bleibt.

4. Entidentifikation

Die Psychotherapie versucht, den Menschen zur Identifikation mit seinen Gefühlen und Stimmungen zu bringen. Die Kontemplation und alle anderen esoterischen Wege dagegen lehren die Entidentifikation. Sie hilft, die Bewegungen unserer Psyche – Begierden, Erwartungen, Ängste, Aggressionen – zu neutralisieren. Wir projizieren dann nicht so viel in unsere Probleme hinein. Wir blasen sie nicht auf wie einen Luftballon. Es zahlt sich nämlich nicht aus, seine ganze Kraft in die Beseitigung dieser Aufwallungen unserer Psyche zu verlieren. Was kümmert es den Berg, wenn einige Wolken um ihn ziehen? Unser tiefstes Wesen bleibt unberührt.

Wenn man in der Mitte ist, weiß man ganz genau, wann man agieren darf und wann nicht. Da kann etwas sein, was gegen meine Mitte hämmert, sich verselbständigen, sich losreißen möchte. Aber die Mitte ist stärker. Wir verdrängen die aufwallenden Aggressionen nicht, aber wir wissen ganz genau, dass sie nur ein Vorgang in unserer Psyche sind, etwas, was gleichsam über uns hinwegläuft wie eine Wolke über den blauen Himmel. Da tauchen Wünsche auf, Projektionen. Wir können ihnen nachlaufen, wissen aber schon im Voraus, dass sie uns nicht befriedigen werden. Da ist Faulheit in uns, wir möchten jetzt lieber schlafen, wir möchten uns jetzt nicht mehr anstrengen, aber wir können auch weiter aufmerksam sein. Wir sind aufmerksam darauf, dass wir schläfrig sind.

All das sind psychische Zustände, nicht unser tiefstes Wesen. Es sind Abläufe, die verschwinden, wenn ihre Kraft verpufft ist. Diese seelischen Kräfte gehören zu uns und sind sehr wichtig für unser Menschsein, aber wir müssen lernen, sie zu haben und zu steuern, nicht umgekehrt, dass sie uns haben und uns steuern. Wenn wir uns nicht identifizieren und nicht fortreißen lassen, lässt ihre Intensität nach. Wenn wir uns aber mit ihnen identifizieren, werden sie leidvoll.

Die Desidentifikation öffnet uns die Möglichkeit, in den transpersonalen Raum vorzustoßen und unser wahres Wesen zu erkennen. Dort ist Ruhe. Die Gefahr, dass wir uns dann aufs Neue mit einem psychischen Zustand (z. B. der Ruhe) identifizieren, ist allerdings groß. Ruhe ist noch nicht das letzte, was es zu erfahren gibt. Darum bleibt die Grundanweisung bestehen: Lass los!

Eines Tages können wir dann sagen:

„Ich habe einen Körper, aber ich bin nicht mein Körper. Ich kann meinen Körper sehen und fühlen, und was gesehen und gefühlt werden kann, ist nicht der wahre Sehende. Mein Körper mag müde oder erregt, krank oder gesund, schwer oder leicht sein, aber das hat nichts mit meinem inneren Ich zu tun. Ich habe einen Körper, aber ich bin nicht mein Körper.

Ich habe Begierden, aber ich bin nicht meine Begierden. Ich kann meine Begierden kennen, und was gekannt werden kann, ist nicht der wahre Erkennende. Begierden kommen und gehen, sie fließen durch mein Bewusstsein, aber sie berühren nicht mein inneres Ich. Ich habe Begierden, aber ich bin nicht die Begierden.

Ich habe Gefühle, aber ich bin nicht meine Gefühle. Ich kann meine Gefühle fühlen und spüren, und was gefühlt und gespürt werden kann, ist nicht der wahre Fühlende. Gefühle gehen durch mich hindurch, aber sie berühren nicht mein inneres Ich. Ich habe Gefühle, aber ich bin nicht die Gefühle.

Ich habe Gedanken, aber ich bin nicht meine Gedanken. Ich kann meine Gedanken kennen und intuitiv erfassen, aber was gekannt werden kann, ist nicht der wahre Erkennende. Gedanken kommen zu mir und verlassen mich wieder, aber sie berühren nicht mein inneres Ich. Ich habe Gedanken, aber ich bin nicht meine Gedanken."[28]

Ereignisse, Gedanken, Bilder, Gefühle, Stimmungen sind nichts anderes als ein Sturm auf dem Weltmeer. Was kümmert es das Weltmeer, wenn in der Biscaya ein Sturm tobt? Es gilt, diesen Sturm zu erleiden, bis er vorbei ist. Je weniger wir uns mit ihm identifizieren, um so weniger Kraft entwickelt er. Das heißt nicht, dass wir nicht mehr fühlen können, dass wir nicht mehr zornig werden können, dass wir keine Abneigung mehr haben. Aber trotz dieser Regungen, die über unsere Psyche laufen, ist ein Kern da, der davon unberührt bleibt. Wir werden nicht mehr beschlagnahmt von Gefühlen. Sie reißen uns nicht mehr weg.

Im Lauf der Zeit nimmt dann der Hunger nach neuen Eindrücken ab, und die Sucht, sich innerlich zu beschäftigen, wird geringer. Wenn das Begehren aufhört, wird das Schauen möglich. Hat man dieses Stadium erreicht, dann erkennt man auch, dass nichts bleibt. Alles ist in Bewegung, alles kommt und geht. Da ist nichts, was man festhalten könnte. Beständig ist nur das Fließen. Die Permanenz liegt im Fließen, nicht in der Statik. Achtsamkeit weckt in uns die Fähigkeit, dieses Fließen und zugleich die Ruhe in aller Bewegung zu erfahren.

B. Sakrament des Augenblicks

1. Die Sehnsucht des Menschen nach Gott

Der Mensch ist ein „Homo religiosus". Das Göttliche ist sein tiefstes Wesen, und dorthin tendiert er zurück, ob er darum weiß oder nicht. Im Menschen wohnt eine tiefe Sehnsucht, die das Göttliche selber ist. Gott drängt in uns zur Entfaltung. In uns

[28] A.a.O., S. 170f.

Menschen stellt sich das Erwachen des Göttlichen dar als tiefe Sehnsucht. Es ist die Sehnsucht, heim zu kommen, den Platz zu finden, wo alles gut ist, wo man geliebt und angenommen ist. Der Mensch erfährt aber sehr bald im Leben, dass kein Mensch dem Menschen diese letzte Sicherheit geben kann, auch nicht der liebste. Es bleibt diese unüberbrückbare Trennung, bis wir unser wahres Selbst gefunden haben, besser, bis unser wahres Selbst durch alle Verkrustungen und Fehlentwicklungen hindurchgebrochen ist. Menschen machen sich also auf den Weg zu Gott, weil sie diese tiefste Sehnsucht in sich tragen, die letztlich die Sehnsucht Gottes selber ist. Es gibt eine alte Geschichte, die das sehr deutlich ausdrückt. Sie wird im Osten wie im Westen erzählt. Es ist die Geschichte vom Verlorenen Sohn. Hier eine zentralasiatische Version:

„In Indien lebte ein steinreicher Edelmann, der nur einen Sohn hatte. Eines Tages wurde dieser entführt oder wollte nicht mehr heimkehren. Der Vater tat alles, was er konnte, um den geliebten Sohn wiederzufinden. Aber es war umsonst. Jahre vergingen, ohne dass er irgend etwas erfuhr. Als der reiche Mann eines Tages aus einem Fenster seines Hauses blickte, sah er einen jungen Bettler vor dem Haus stehen. Er bekam ein Almosen und wollte gerade wieder fortgehen. Der reiche Mann sah das Gesicht des Bettlers und sprang in großer Verwunderung auf, denn er hatte seinen verlorenen Sohn erkannt. Er rief Diener und befahl ihnen, den jungen Bettler zurückzuholen. Einige liefen dem Bettler nach und versuchten, ihn zurückzuhalten, aber der junge Mann weigerte sich und sagte: „Obwohl ich ein Bettler bin, habe ich nichts Schlechtes getan." Die Diener versicherten ihm, dass sie ihm nichts vorzuwerfen hätten: „Unser Herr will dich selber." Sie konnten ihn aber nicht zur Rückkehr bewegen. Er wurde im Gegenteil noch ängstlicher und begann zu zittern: „Ich habe nichts mit einem solchen vornehmen Edelmann zu tun." Zuletzt mussten die Diener heimkehren und ihrem Herrn erzählen, dass sie nichts hatten ausrichten können. Voll Liebe zu seinem Sohn befahl der Reiche einem seiner jungen Diener, sich selbst als Bettler, dem Sohn gleich, zu verkleiden und sich mit ihm zu befreunden. Als der Diener-Bettler die Zeit für gekommen hielt, sagte er zu dem bettelnden Sohn des Reichen: „Ich habe eine gute Stellung gefunden. Die Arbeit ist nicht schwer und die Bezahlung ist gut. Wir bekommen auch ein kleines Zimmer. Lass es uns versuchen." So wurden beide als Gärtner bei dem Reichen eingestellt. Als er sich dort eingewöhnt hatte, beförderte der Reiche seinen Sohn zum Hausdiener. Nachdem er auch hier seine Arbeit gut verrichtete, übergab ihm der Reiche die Aufsicht über seinen Besitz. Schließlich wurde er sein Sekretär, damit er dem Vater nahe blieb und dessen Verpflichtungen übernahm. Jahre vergingen. Der reiche Mann wurde älter und erkannte, dass er nicht mehr lange zu leben hatte. Da versammelte er seine Verwandten um sich und stellte den jungen Mann vor mit den Worten: ‚Dieser Jüngling ist in Wirklichkeit mein Sohn, der verschwand, als er ein kleines Kind war.' Er übergab ihm seinen ganzen Besitz und seine Stellung."[29]

So ist der Weg des Menschen ein Heimweg zu Gott. Als solcher wird er in allen Religionen beschrieben. Wir suchen die Wurzeln unserer Existenz. Wir haben vergessen, wer wir wirklich sind. Darum machen wir uns auf die Suche, bis wir erfahren: ich bin ja schon gefunden. Denn wir sind gar nicht die Suchenden. Wir sind die Gesuchten.

Zugegeben, diese Sehnsucht des Menschen kann narzisstische Züge haben, sie kann auch Flucht aus der Wirklichkeit sein, sie kann versuchen, Defizite aus der Kindheit zu kompensieren. Sie kommt aber vor allem aus der Erkenntnis, dass es im Menschen Bewusstseinsräume gibt, die dem Leben mehr Sinn und Hilfe vermitteln können und Gott umfassender erfahren lassen.

[29] Shibayama, Zen in Gleichnis und Bild, Barthverlag, S. 82.

2. Sterben, um wiedergeboren zu werden

Die Psychologie betont, dass der Mensch, um zu leben, ein geziemendes Selbstwertgefühl haben muss und eine entsprechende Egostabilität. Die esoterischen Wege fordern aber den Tod des Ich. Und alle Übung zielt letztlich auf eine Zurücknahme der Egoaktivität. Jesus sagt: „Wer sein Leben gewinnen will, muss es verlieren." Thomas von Kempten schreibt in seiner Nachfolge Christi: „Sei versichert, dass du ein sterbendes Leben leben musst." Johannes vom Kreuz meint: „Wer in allen Dingen zu sterben weiß, wird in allen Dingen Leben haben." Das Tao Te King wusste schon vor einigen tausend Jahren: „Zu sterben, ohne unterzugehen, bedeutet ewige Präsenz". Eines sagen alle Wege: dass der Pfad zur Einheitserfahrung mit Liebe ein Pfad der Hingabe ist (surrender, Selbstaufgabe), ein Sterben, um wirklich zu leben.

3. Das Sterben des Ichs

Das Sterben des Ichs ist mehr als die oben erwähnte Zurücknahme der Egoaktivität. Es ist ein Aussteigen aus liebgewordenen, Sicherheit gebenden Strukturen und Mustern. Es ist ein den ganzen Menschen betreffendes Ereignis, das ihn bis in die letzten Tiefen erschüttert. Das Sterben des Ichs vollzieht sich in dem, was die Mystik die dunkle Nacht der Sinne, der Seele und des Geistes nennt. Es ist der Weg der Reinigung, der in allen esoterischen Wegen die eigentliche Aufgabe darstellt. Es ist das Loslassen aller Sicherungen. Das Sterben, von dem die Mystik spricht, ist weit schwerer als das physische Sterben. Es kann nicht einmal der Wunsch bleiben, in die geborgene Hand Gottes zu fallen. Es bleibt nur das absolute Loslassen: „Vater, in Deine Hände empfehle ich meinen Geist." Manches mag in einer solchen Situation pathologisch aussehen und sogar mit Recht im vorgegebenen Rahmenwerk der Psychologie so eingeordnet werden. Aber es ist ein Sterben, um zu leben. Das Ziel ist die Rückkehr ins Leben, solange uns dieser Körper beschieden ist. Wir haben das Göttliche hier und jetzt zu erfahren und zu manifestieren. Auch die einzelne mystische Erfahrung ist noch nicht das Letzte. Die Integration einer Erfahrung in den Alltag ist vielmehr die Hauptaufgabe, die es auf dem esoterischen Weg zu leisten gilt.

4. Die verwandelnde Kraft des Augenblicks

Die Mystik spricht von der heilenden und wandelnden Kraft des Augenblickes oder – wie Jean P. Caussade es nennt: „Das Sakrament des Augenblicks". Bei ihm habe ich dieses Wort zum ersten Mal gefunden.

Er schreibt in seinem Buch „Hingabe an Gottes Vorsehung" Folgendes: „Gott weilt wahrhaft an diesem Ort, und ich wusste es nicht, sprach einst Jakob. So suchst auch du Gott, und dabei ist er überall. Alles verkündet ihn dir. Alles schenkt ihn dir. Er ging dir zur Seite, er umgab dich, er durchdrang dich und weilte in dir … und du suchst ihn! Du bemühst dich um eine Vorstellung von Gott und besaßest ihn dabei wesentlich. Du jagst der Vollkommenheit nach, indes sie in allem liegt, was dir ungesucht begegnet. In Gestalt deiner Leiden, deines Tuns, der Antriebe, die du empfängst, tritt dir Gott selber entgegen. Dieweil bemühst du dich umsonst um erhabene Vorstellungen, mit denen er sich nicht bekleiden will."

„Offenbaren uns jedoch Vernunft und Glaube die wirkliche Gegenwart der göttlichen Liebe in allen Geschöpfen und in allen Geschehnissen dieses Lebens nicht ebenso sicher, wie uns das Wort Christi und die Kirche die Gegenwart des heiligen Leibes unter den eucharistischen Gestalten verbürgt? Wissen wir nicht, dass sich die göttliche Liebe durch alle Geschöpfe und Ereignisse mit uns vereinigen will? Dass sie nur deswegen alles, was uns umgibt und uns zustößt, hervorruft, anordnet oder erlaubt, damit wir zu dieser Vereinigung gelangen, die allein sie bezweckt?“[30]

„Wenn es sich aber so verhält, was steht dann noch im Wege, dass jeder Augenblick unseres Lebens eine Art Kommunion mit der göttlichen Liebe sei und dass diese Kommunion jeden Augenblick in unserer Seele ebensoviel hervorbringt wie die, welche uns ein Leib und das Blut des Gottessohnes anvertraut? – Zwar kommt dieser eine sakramentale Wirkung zu, die jener abgeht. Doch wie viel häufiger lässt sich jene erneuern und wie verdienstlich kann sie werden, wenn sie mit einer vollkommenen Seelenverfassung empfangen wird.“[31]

Caussade kommt auf die Eucharistie zu sprechen, um das auszudrücken: „Wie fehl geht man tatsächlich, wenn man Dich (Gott) nicht in allem sieht, was gut ist, und in allen Geschöpfen. Warum Dich also in anderen Dingen als in denen suchen wollen, durch die Du Dich mitteilen willst? Sucht man Dich in der Eucharistie unter anderen Gestalten als unter denen, die Du für Deine sakramentale Gegenwart gewählt hast?“[32]

In der Eucharistie wird feierlich verkündet, was eigentlich immer und überall der Fall ist, die Präsenz des Göttlichen. Gott ist die Symphonie, die in allem erklingt. Es ist nicht so, dass er sie einmal komponiert hätte und sie sich jetzt vorspielt. Die Symphonie heißt Gott. Und da ist nichts ausgeschlossen, auch nicht das Leid und unser psychisches Defizit. Das zu erfahren, ist Satori. Und mancher Mensch erfährt auch, dass Leid und Schmerz genauso die Ausdrucksform des Göttlichen sind wie Freude. Wir vergessen es leider zu leicht wieder.

„Nur durch die Fülle des gegenwärtigen Augenblickes vermag die Seele wahrhaft genährt, gekräftigt, gereinigt, bereichert und geheiligt zu werden.“ (Ebenda S. 42) Die Quelle des „leben-

[30] Jean D. Caussade, Hingabe an Gottes Vorsehung, Zürich 1981, S. 146.

[31] A.a.O., S. 68.

[32] A.a.O., S. 147.

digen Wassers" sprudelt für Caussade im gegenwärtigen Augenblick. Wir haben nicht weiter zu suchen. Die Quelle fließt ständig. Warum nach Rinnsalen Ausschau halten? „Gott hat aufgehört, Gegenstand und Vorstellung zu sein, er ist nur noch Ursprung und Quelle."[33] Es gibt keine Transzendenz, die abgehoben ist von dem, was hier und jetzt ist. „Gott tut im Heiligen alles, was der Heil'ge tut. Er geht, steht, liegt, schläft, wacht, isst, trinkt, hat guten Mut." (Angelus Silesius)

5. Der Augenblick bringt uns in die Erfahrung des Lebens

Das Leben liegt im Augenblick. Gott ist nur in diesem Augenblick zu erfahren. „Du meinst, du wirst Gott sehen und sein Licht, o Narr, du siehst ihn nie, siehst du ihn heute nicht." (Angelus Silesius) Aber wie sieht dieser Weg praktisch aus? Er hat nichts zu tun mit elitärem Gehabe. Andreas Gryphius dichtet:

„Mein sind die Tage nicht, die mir die Zeit genommen.
Mein sind die Tage nicht, die erst noch werden kommen.
Der Augenblick ist mein, und nehm' ich den in acht,
so ist er mein, der Zeit und Ewigkeit gemacht."

„Achte gut auf diesen Tag,
denn er ist das Leben,
das Leben allen Lebens!
Das Gestern ist nichts als ein Traum
und das Morgen nur eine Vision,
das Heute jedoch – recht gelebt –
Macht jedes Gestern zu einem Traum
voller Glück
und jedes Morgen zu einer Vision
voller Hoffnung.
Darum achte gut auf diesen Tag!"[34]

Gott ist im Gehen, Stehen, Putzen, Kochen, Lesen, Musik hören usw. Wenn man das sagt, klingt es sehr fromm und sogar geschmacklos. Wenn man aber sagt: Das Leben liegt im Gehen, Stehen, Putzen, Kochen, Lesen, Musik hören, es liegt im Leiden und Sterben, dann ist es annehmbar.

6. Meister Eckhart und der Augenblick

Eckhart sagt uns immer wieder, dass wir Gott in den Dingen zu erfahren haben. Einige Stellen möchte ich zitieren:

„So sollen auch wir in allen Dingen bewusst nach unserem Herrn ausschauen. Dazu gehört notwendig Fleiß, und man muss sich's alles kosten lassen, was man nur mit Sinnen und Kräften zu leisten vermag; dann wird's recht mit den Leuten, und sie ergreifen Gott in allen Dingen gleich, und sie finden von Gott gleich viel in allen Dingen."[35]

„Mit wem es recht steht, wahrlich, dem ist's an allen Stätten und unter allen Leuten recht. Mit wem es aber unrecht steht, für den ist's an allen Stätten und unter allen Leuten unrecht. Wer aber recht dran ist, der hat Gott in Wahrheit bei sich; wer aber Gott recht in Wahrheit hat, der hat ihn an allen Stätten und auf der Straße und bei allen Leuten ebenso gut wie in der Kirche oder in der Einöde oder in der Zelle; wenn anders er ihn recht und nur ihn hat, so kann einen solchen Menschen niemand behindern. – Warum? Weil er einzig Gott hat und es nur auf Gott absieht und alle Dinge ihm lauter Gott werden. Ein solcher Mensch trägt Gott in allen seinen Werken und an allen Stätten, und alle Werke dieses Menschen wirkt allein Gott."[36]

---

[33] A.a.O., S. 153.

[34] Aus dem Sanskrit.

[35] Josef Quint, Meister Eckhart, S. 63.

[36] A.a.O., S. 58.

„Ein Mensch gehe übers Feld und spreche sein Gebet und erkenne Gott, oder er sei in der Kirche und erkenne Gott: erkennt er darum Gott mehr, weil er an einer ruhigen Stätte weilt, so kommt das von seiner Unzulänglichkeit her, nicht aber von Gottes wegen; denn Gott ist gleicherweise in allen Dingen und an allen Stätten und ist bereit, sich in gleicher Weise zu geben, soweit es an ihm liegt; und der nur erkennt Gott recht, der ihn als gleich erkennt."[37]

„Wer Gott so, (d.h.) im Sein, hat, der nimmt Gott göttlich und dem leuchtet er in allen Dingen; denn alle Dinge schmecken ihm nach Gott, und Gottes Bild wird ihm aus allen Dingen sichtbar. In ihm glänzt Gott allzeit, in ihm vollzieht sich eine loslösende Abkehr und eine Einprägung seines geliebten, gegenwärtigen Gottes. Vergleichsweise so, wie wenn es einen in rechtem Durst heiß dürstet: so mag der wohl anderes tun als trinken, und er mag auch wohl an andere Dinge denken; aber was er auch tut und bei wem er sein mag, in welchem Bestreben oder welchen Gedanken oder welchem Tun, so vergeht ihm doch die Vorstellung des Trankes nicht, solange der Durst währt; und je größer der Durst ist, um so stärker und eindringlicher und gegenwärtiger und beharrlicher ist die Vorstellung des Trankes. Oder wer da etwas heiß mit ganzer Inbrunst liebt, dass ihm nichts anderes gefällt und zu Herzen geht als (eben) dies, und er nur nach diesem verlangt und nach sonst gar nichts: ganz gewiss, wo immer ein solcher Mensch sein mag oder bei wem oder was er auch beginnt oder was er tut, nimmer erlischt doch in ihm das, was er so sehr liebt, und in allen Dingen findet er dieses Dinges Bild, und dies ist ihm um so stärker gegenwärtig, je mehr die Liebe stärker und stärker wird. Ein solcher Mensch sucht nicht Ruhe, denn ihn behindert keine Unruhe."[38]

„Dies kann der Mensch nicht durch Fliehen lernen, indem er vor den Dingen flüchtet und sich äußerlich in die Einsamkeit

[37] A.a.O., S. 324.

[38] A.a.O., S. 60.

kehrt; er muss vielmehr eine innere Einsamkeit lernen, wo und bei wem er auch sei. Er muss lernen, die Dinge zu durchbrechen und seinen Gott darin zu ergreifen und den kraftvoll in einer wesenhaften Weise in sich hineinbilden können."[39]

Es ist letztlich die heilende Kraft Gottes oder die heilende Kraft des Lebens, die im Augenblick wirkt.

7. Gott im Augenblick des Alltags

Viele Frauen wissen um die heilenden Kräfte des Strickens, Häkelns und Knüpfens. Viele erleben ähnliches in einem langen Marsch durch die Natur. Im Grunde tun wir auf unserem spirituellen Weg nichts Besonderes, wir versuchen, in den Augenblick zu kommen und eins zu werden mit dem, was wir gerade ausführen. Dort aber ist uns Gott am nächsten.

Jede kleinste Aktion, die wir vollziehen – die Stiege hinaufgehen, die Türe öffnen, die Hände waschen, an der roten Ampel warten – sollte von großer innerer Wachheit begleitet werden.

Wenn wir zur Arbeit gehen oder zum Bahnhof oder zum Einkaufen, dann haben wir einen ganz anderen Schritt. Wir sind nicht mehr bei uns selber. Wir sind nicht mehr im Augenblick. Wir sind nicht mehr im Leben. Leben ist daher nur im Augenblick. Es gibt so viele Gelegenheiten, wirkliches Leben einzuüben, d. h. ganz bei uns zu sein, ganz bei dem zu sein, was wir tun. Es mag dann vielleicht schwer fallen, zu lesen und gleichzeitig Musik zu hören. Es geht nicht zusammen. Ich möchte es noch viel banaler ausdrücken: Man sollte nicht mit der Zeitung auf die Toilette gehen. Wir haben wieder zu lernen, wie man isst, Salat putzt, zur Arbeit geht, Feierabend macht. So mancher, der sich auf den Zenweg oder auf den Weg der Kontemplation macht, hat verkehrte Erwartungen. Satori ist im Augenblick. Es ist nicht ein von der Welt abgehobener Zustand, sondern die Erfahrung der Welt in diesem Augenblick.

---

[39] A.a.O., S. 61.

V. Mystik – Weltflucht oder Weltverantwortung?

1. Der Mensch auf dem Weg zum Menschen

Die Evolution hat uns mit einigen Wahrnehmungsmöglichkeiten versehen, die es uns ermöglichen, in der Biosphäre unserer Erde zurechtzukommen und uns einigermaßen zu behaupten. Ein direkter Zugang zum Wesen des Seienden jedoch ist uns versagt. Wir brauchten ihn in den Jahren unserer Menschheitskindheit ja auch nicht. Es reichte zunächst aus, dass wir uns im richtigen Moment fürchteten, Schmerz empfanden, laufen, sehen und uns verständigen konnten. Alles andere war für unser Überleben nicht unmittelbar wichtig, und so haben wir es auch nicht entwickelt.

Die Zeiten, in denen sich der Mensch mit diesen Anlagen zufrieden geben konnte, sind vorbei. Er kann es sich nicht mehr leisten, den Bereich des Numinosen aus seinem Menschsein auszuklammern. Da er aber auch nicht mehr in der Lage ist, das religiöse Selbstverständnis seiner Vorfahren ohne weiteres zu übernehmen, scheint mir nur das Esoterische in den Religionen wirklich Zukunft zu haben.

Wir sind Menschen geworden, um zu reifen und uns zu entfalten. Alle Nöte und Probleme, alle Schwierigkeiten und Freuden sollen uns helfen, zu unserem eigentlichen Wesen zu finden. Das ist die Hausaufgabe unseres Lebens. Das ist unser Lebensziel. Wenn wir dies zum Lebensziel haben, sind wir natürlich ganz anders ausgerichtet als der so genannte „normale Mensch" – wobei ich mich allerdings frage, ob nicht eher der Mystiker der normale Mensch ist als der Zeitgenosse, der sich gegen das Numinose abschottet und so die volle Entfaltung seines Menschseins verhindert.

Es gilt, jene Dimension zu erfahren, aus der alles kommt. Wir nennen sie seit einigen Jahrtausenden Gott. Wie durch eine Nabelschnur sind wir mit ihr verbunden. Von dorther beziehen wir unser Leben, dorthin können wir aber auch durch die Nabelschnur vordringen, um unseren Urgrund zu erfahren.

Konrad Lorenz soll einmal gesagt haben, dass der Mensch das „missing link“ ist, das fehlende Stück also zwischen dem Tier und dem wirklichen Menschen. Wir sind erst halbwegs dort, wo der wirkliche „homo sapiens“ lebt. Bis jetzt gleicht unsere Spezies mehr einer hilflosen, fremdgesteuerten Marionette, die erst noch zu einem ganzen Menschen transformiert werden muss. Ohne diese Transformation dienen uns alle rationalen Erkenntnisse, alle unsere Erfindungen eher zum Untergang als zum Wohl.

Warum erkennen die Menschen dieses ihr eigentliches Lebensziel so spät oder überhaupt nicht?

Der Weg, der zu einer wirklichen Transformation der Persönlichkeit führt, geht durch Wüste, Einsamkeit, Frustration, Verzweiflung und durch das Sterben des Ich. Und das ist für die meisten ein dramatischer Prozess. Dieser schmerzhaften Wandlung weicht der Mensch aus, solange er kann, meistens kommt die Einsicht – wenn überhaupt – erst nach einem Schock, einem tiefen Leid, nach etwas, was wir Menschen Unglück nennen, was aber für viele Rettung bedeutet.

Manche meinen, dass sie zu einer schmerzhaft kurzen Zeitspanne Lebens auf dieser Erde verurteilt sind. Sie erkennen nicht, dass ihnen hier eine Chance gegeben ist, zu wachsen und zu reifen – auch wenn dieser Ganzwerdungsprozess mit Leid verbunden ist. Der Weg führt nicht zurück ins Paradies, in den Uroborus, sondern durch die Ichwerdung hindurch über das Loslassen des Ich ins volle Menschsein.

2. Zurück in den Uroborus ... oder nach vorn ins Pleroma?

Dass der Mensch diesen „Heilsweg" der Individuation (E. Neumann) nicht gehen will, dass er aus dieser Welt, aus diesem Leib fliehen will, war in der Esoterik immer eine Gefahr und eine Versuchung, der nicht jeder widerstehen konnte.

Das Pleroma, die Fülle des Menschseins, liegt vor uns. Die Menschheit als Ganzes hat den Weg ins Erwachsenenalter zu gehen. Im Märchen wird Pubertät oft durch den Drachenkampf des Helden symbolisiert. Im Drachenkampf gelingt dem Ich die Überwindung der verschlingenden Seite des Unbewussten, der uroborischen Mutter. Vor diesem Kinderparadies der Symbiose, aus dem uns die Ichwerdung vertrieben hat, steht der Cherubim mit dem Flammenschwert. Niemand kann auf dem Weg des Erwachsenwerdens in dieses Paradies zurück. Rückkehr würde einem „uroborischen Inzest" (E. Neumann) gleichkommen. Was jeder einzelne Mensch auf dem Weg vom Kind zum Erwachsenen zu bewältigen hat, muss heute die Menschheit als ganze auf ihrem Weg zum vollen Menschentum leisten.

3. Pseudomystik – Verweigerungsmystik

Es gibt eine uroborische Pseudo-Mystik. Sie ist antikosmisch, weltverneinend, ja weltverachtend. In der wahren Mystik werden jedoch nicht nur Welt und Mensch bejaht, sondern auch das Ich und der Geschichtsprozess in der Zeit. Der Mystiker zielt nicht auf das Jenseits, auf den Himmel. Die Vollendung liegt im Hier und Jetzt. Sie ist nur verborgen. Visio beatifica (die selige Schau) ist die Erfahrung des Geborenwerdens und Sterbens als Vollzug des Lebens Gottes.

Dadurch, dass das Schöpferische schaffend und gebärend ist, ist es seinem tiefsten Wesen nach weltbejahend. Die Erfahrung dieser Wirklichkeit lässt auch den Mystiker schöpferisch und weltbejahend werden. Es ist die Schöpferkraft Gottes selber, die im Mystiker freigesetzt wird. Gott „offenbart sich wahrhaft und vollendet und ganz so, wie er ist und erfüllt den Menschen so bis zum Überfluss, das er ausquillt und ausfließt aus übervoller Fülle Gottes."[40] Aus diesen Grundgegebenheiten leitet sich auch die Verantwortung des Menschen für die Welt ab.

4. Verantwortung der Esoterik für unsere Erde

Harada Dai-un Sogaku Roshi, der Vater der Zenrichtung, der ich angehöre, berichtet folgende Begegnung mit seinem Dharma-Bruder Kato Chodo: „Eines Morgens entdeckte er im Müll ein Essstäbchen. Er brachte es herein und rief mich zu sich. Er zeigte mir das Essstäbchen und fragte mich: ‚Was ist das?' Ich antwortete: ‚Ein Essstäbchen.' ‚Ja, das ist ein Essstäbchen. Ist es unbrauchbar?' – ‚Nein!', sagte ich, ‚man kann es noch benützen.' – ‚Ja, aber ich fand es im Müll unter anderem wertlosen Zeug', fiel er mir ins Wort. ‚Du hast diesem Essstäbchen das Leben genommen. Vielleicht kennst du das Sprichwort: Wer einen anderen tötet, gräbt zwei Gräber. Du hast dieses Essstäbchen umgebracht, es wird dich umbringen.'" Harada Dai-un war damals sieben Jahre alt. „Von da an wurde ich sehr sorgfältig im Umgang mit allen Dingen", sagte er.

„Du hast das Essstäbchen umgebracht, es wird dich umbringen." Wir wissen heute um die Wahrheit dieses Wortes weit stärker als jener Zenmönch vor hundert Jahren.

Die Studenten der Sofia-Universität in Tokyo sammelten einmal die Wegwerfessstäbchen eines einzigen Tages auf einem Haufen. Jedem wurde klar, dass da täglich in ganz Japan ein riesiger Berg anfällt. Japan holzt dafür die Regenwälder Borneos und Südostasiens ab. Wir holzen die Regenwälder des Amazonas ab, vergrößern das Ozonloch, obwohl wir wissen, dass wir das Klima dadurch radikal verändern, dass die Versteppung

[40] J. Quint, Meister Eckhart, S. 277,25.

Afrikas immens fortschreitet und wir selber mit Riesenschritten einem Klimawechsel zusteuern.

Alles ist Ausdrucksform des Göttlichen, glauben wir in der Esoterik. Dass wir uns getrennt von allem erleben, ist eine Illusion, aber eine Illusion, die uns umbringt. Alles ist verwoben in unsere eigene Existenz. Was wir anderen antun, tun wir uns selber an. Wer einen anderen umbringt, schaufelt zwei Gräber.

Der mystische Weg führt zurück in die Welt. Man steigt nicht auf den Berg, um oben zu bleiben, sondern um wieder hinunterzusteigen. Es gibt ein unausrottbares Vorurteil gegen die Mystik, das besagt, sie sei weltflüchtig, weltverneinend, weltverachtend. Eine solche Form der Mystik mag tatsächlich existieren. Die Angst, negatives Karma zu erzeugen, treibt manche Menschen in eine „Höhle des Himalaya", in den Rückzug aus der Welt. Das scheint mir jedoch eine Verirrung zu sein, die nicht in Richtung einer vollen menschlichen Entfaltung geht.

5. Ursünde oder Individuation?

Was wir gemeinhin Ursünde nennen, ist keine Sünde. Sie ist vielmehr ein notwendiger Schritt in der Menschheitsentwicklung. Der Mensch musste aus dem paradiesischen Zustand der Symbiose heraus. „Die psychologische Grundtatsache, dass das Ich vom wahren Selbst und von der Ganzheit der Psyche abgetrennt und selbständig geworden ist, wird theologisch projiziert in dem Mythos vom Abfall des Menschen von Gott und vom Abfall der Welt vom Urzustand."[41]

In Wirklichkeit fällt nicht das böse menschliche Ich vom göttlichen Selbst ab, sondern umgekehrt, Gott zieht sich gleichsam zurück, damit der Mensch erwachsen werden kann. Erwachsen zu werden ist ein schmerzhafter Prozess, den auch die Mystik

---

[41] E. Neumann, Kulturentwicklung und Religion, Frankfurt/M. 1981, S. 178.

durchaus kennt. Es gehört zum Weg der Verwandlung, am Kreuz diese Spannung zu erleiden.

In der Persönlichkeitsentfaltung des Mystikers handelt es sich also nicht, wie oben bereits gesagt, um einen regressiven Prozess der Ichauflösung. Der mystische Weg wird immer durch eine Ichstärkung vorbereitet. Das Ich entfaltet sich auf dem Weg. Am Ende steht nicht eine Ichauflösung, sondern das Bewusstsein verändert sich, bis nicht mehr das Ich das Zentrum darstellt, sondern das Selbst, um welches das Ich kreist.[42]

Die falsche Mystik kann das Abgründige des Numinosen nicht annehmen, darum erklärt sie die Welt für gefallen, verschuldet, gesunken, verführt, getäuscht und verdorben. Sie will es nicht wahrhaben, dass Leben und Schöpfung in der Polarität und Spannung geschehen müssen, zu der auch der Teufel, das Böse, die Schuld, die Sünde und der Tod gehören. Falsche Mystik hält letztlich die Schöpfung für einen Irrtum Gottes oder für das Werk eines zweitrangigen Demiurgen.

Worauf dagegen wahre Mystik aufbaut, umschreiben folgende Aussagen:

Es gibt eine Deutung von Baal-Schem-Tow, dem Begründer der chassidischen Bewegung, zu dem Satz: „Mit Gott ging Noa". Dort heißt es am Ende: „Darum, wenn sich der Vater von ihm entfernte, wusste Noa: Das ist, damit ich gehen lerne."[43] Gott musste den Menschen gleichsam allein lassen, wie eine Mutter ihr Kind allein lassen muss, damit es selbständig wird.

Ein Sufitext lässt Gott sprechen: „Ich war ein verborgener Schatz und wollte erkannt werden; deshalb schuf ich die Welt." Wir haben in dieser Welt Gott zu erkennen. Und wir haben zu erkennen, dass wir eine Erscheinungsform Gottes sind. Ein Wort aus dem Judentum lautet: „Gott und die Welt sind gleichsam Zwillinge."[44]

---

[42] A.a.O., S. 182 f.

[43] A.a.O., S. 178.

[44] A.a.O., S. 169.

Eckhart meint, dass die Welt so alt ist wie Gott: „Auf einmal und zugleich, als Gott war, da er seinen ihm gleich ewigen Sohn als ihm völlig gleichen Gott erzeugte, schuf er auch die Welt."[45] „Desgleichen kann zugegeben werden, dass die Welt von Ewigkeit her gewesen ist."[46] Gott und Welt gehören zusammen. Sie sind zwei Aspekte der einen Wirklichkeit.

Die Welt ist die Offenbarung des Göttlichen Prinzips. Gott kann nur in der Form erfahren und erkannt werden. Darum kehrt echte Mystik immer zurück in die Welt. Sie hat einen Weltauftrag.

Christliche, buddhistische und andere Redogmatisierungen geben manchen mystischen Erfahrungen einen weltfeindlichen Anstrich. Aber echte Mystik ist menschenfreundlich. Ein chassidisches Wort drückt das so aus: „Einer kauft sich im Winter einen Pelz, ein anderer Brennholz. Und was ist der Unterschied zwischen ihnen? Jener will nur sich, dieser auch anderen Wärme spenden." Echte Mystik versteht sich als Erlösungsweg des Menschen. Der „mystische Liebestod, der nicht zur Auferstehung führt, ist ein Versagen!"[47]

6. Der Wandel der Welt beginnt in uns

Grundlegende Wandlung der Welt wird niemals durch ein neues Gesellschaftssystem geschehen, sondern nur über den Wandel des Einzelnen. Wir schreien immer gleich nach dem großen Chirurgen, der die entscheidende Operation vornehmen soll. Aber wer wirklich die Welt ändern will, verlässt sich auf keinen Spezialisten. Nur wer selber aus dem Schema der Gesellschaft heraustritt und Habgier, Erwerbsucht, Machtstreben überwindet, wird etwas ändern.

---

[45] J. Quint, Meister Eckhart, S. 450,3.

[46] A. a. O., 450,2.

[47] Vgl. G. Schmid, Die Mystik der Weltreligionen.

Wir erwarten den großen Erlöser auch in der Religion von außen: Da macht es schon einer, wir brauchen uns nur an seinen Rockzipfel zu hängen. Wahre religiöse Führer jedoch sollten nicht erlösen. Sie haben vielmehr zur Umkehr aufgerufen, zur Metanoia, zur Wende nach innen, zum Wesentlichen hin, zu unserer göttlichen Natur. Aber der Mensch hat die Religionsstifter lieber zur Ehre der Altäre erhoben und betet sie an, statt diese Metanoia, die sie vorgelebt haben, an sich selbst zu vollziehen. Denn der Weg der Verwandlung ist lange und beschwerlich. Er führt über die Auseinandersetzung mit unserem Schatten und mit dem Teufel.

7. Der Teufel, unser Zwillingsbruder

Am Anfang der christlichen Religion steht die Dualität von Gott und Schöpfung, Licht und Dunkel, Michael und Luzifer, Versucher und Versuchten. Mit dem Glauben an Gott wurde uns der Glaube an den Teufel vermittelt. Mit diesem Glauben haben wir so manche Tragödie in der Weltgeschichte auf andere abgeschoben, statt die Gründe bei uns selbst zu suchen und Verantwortung zu übernehmen.

Mit dem Teufel versuchen wir, das Böse in dieser Welt zu erklären. Das Böse wurde personalisiert und als die Gegenkraft des Göttlichen von Gott getrennt gesehen. Der Teufel wurde so zur Projektionsfigur, auf die man alles Böse abschob. Er steht für unseren persönlichen und für den kollektiven Schatten. Wenn es uns nicht gelingt, diese Dualität, die offensichtlich zur Struktur der Schöpfung gehört, in uns zur Harmonie zu bringen, bleiben wir den negativen Kräften dieses Kampfes ausgesetzt. Inquisitor und Angeklagter, Richter und Henker, Freund und Feind, Vorgesetzter und Untergebener finden sich in uns. In uns müssen wir sie zum Einklang bringen.

Die Teufelshypothese muss nicht aufrechterhalten werden. Sie ist sogar höchst bedenklich. Das, wofür der Teufel stand, soll aber deshalb nicht verschwinden. Wir brauchen etwas, was unsere Sensibilität dem Bösen gegenüber lebendig hält. Wir brauchen zeitgemäßere Metaphern für jene Macht des Bösen, die in jedem von uns relevant ist. Wir brauchen eine neue Sprache für das Böse. Was die christliche Tradition „Dämonen“ nennt, sind Kräfte, die wir nicht personifizieren müssen. Das wirklich Böse in unserer Welt hat andere Namen: Religiöser und politischer Machtmissbrauch, Unterdrückung der Schwachen durch ausbeuterische Wirtschaftssysteme, Umweltzerstörung, Genmanipulation, rassische und kulturelle Entwurzelung von Millionen durch Vertreibung und Flucht, Hass auf den Nachbarn und Verhaftetsein im Materiellen.

Nicht der Teufel hat die erste Atombombe geworfen, die Juden unter Hitler und die Gegner Stalins im Kommunismus vernichtet. Nicht der Teufel hat unter den Japanern im letzten Krieg die Menschen Südostasiens tyrannisiert. Nicht der Teufel hat die Kreuzfahrer auf den Weg geschickt. Nicht der Teufel hat die Scheiterhaufen von Inquisition und Hexenverfolgung angezündet. Nicht der Teufel zerstört unseren Lebensraum. Nicht der Teufel ist schuld, dass wir mit unseren Nachbarn nicht auskommen. Das Böse in uns ist am Werk. Dieses Böse in uns gilt es zu erkennen. Wenn wir es da erkannt haben, erfahren wir auch, dass wir an Verbrechen, die weit weg von uns begangen werden, beteiligt sind.

Wir erfahren als Einzelne immer stärker, dass wir mit allem verbunden sind im Guten wie im Bösen. Der Teufel ist Symbol für das Böse und so unser Zwillingsbruder. Er ist in unserer Persönlichkeitsstruktur angelegt und gehört zum Strukturprinzip der Schöpfung. Wenn es uns gelingt, unsere Schattenenergien für das Gute fruchtbar zu machen, haben wir ihn als Gehilfen gewonnen, der tatsächlich das Gute schafft, obwohl er anscheinend das Böse will.

Eng mit dem Teufel verbunden ist die Angst vor der Hölle. Diese Angst kommt aus einem archaischen Gottesbild. Der Gott, der ewige Verdammnis auferlegen kann, spukt immer noch in den Köpfen. Mit einem dualistischen Denkmodell lässt sich die letzte Wirklichkeit aber nicht erklären. Die mystische Erfahrung ist immer eine Erfahrung der Einheit, sie ist Unio mystica, Ganzheit, Nicht-Zwei. Dazu gehört auch das, was wir Menschen böse nennen.

8. Mystik – harmonisierend oder revolutionär?

Der mystische Mensch muss sich nicht einer Konfession zurechnen. Die konfessionsgebundene Mystik ist zwar die bekannteste, aber nicht unbedingt die bedeutsamste. Mystiker und Mystikerinnen, die sich keiner Religion zuzählten, konnten sich viel freier ausdrücken. Wer konfessionsgebunden war, geriet (und gerät auch heute noch) mit der dogmatischen Fixierung der jeweiligen Religion und Moral in Konflikt. „Die echte Grunderfahrung des Numinosen kann nicht anders sein als anti-konventionell, anti-kollektiv und anti-dogmatisch, denn sie ist Neuerfahrung des Numinosen."[48] Mystik ist daher immer revolutionär und wird von der Institution als störend, wenn nicht sogar als häretisch empfunden. Das führt Mystiker oft in die Konfrontation mit der institutionalisierten Religion. Viele von ihnen wurden vor allem in den theistischen Religionen angefeindet, verurteilt, ja hingerichtet.

Jede Mystik, die gezwungen wird, sich im Rahmen des konventionellen Glaubensbekenntnisses auszudrücken, ist verwaschen oder getarnt. Sie flüchtet sich in nichtreligiöse Terminologie oder verschleiert die Wortinhalte. So haben christliche Mystiker immer wieder ihre Aussagen der Dogmatik angepasst oder sie getarnt, so dass sie nur Eingeweihten erkenntlich waren. Johannes vom Kreuz z. B., der wiederholt von der Inquisition angeklagt wurde, hat seine Erfahrung in Gedichten, vor allem in Liebesgedichten, ausgedrückt. Als er jedoch diese Gedichte aus-

---

48 Vlg. E. Neumann.

legte, kam er in Konflikt mit der Institution. Gleichzeitig führt diese Auseinandersetzung des Mystikers mit den Religionen aber auch zu einer Tendenz der Erneuerung in ihnen.

9. Der Mensch hat Zukunft

Die Menschheit ist auf dem Weg, sich mehr und mehr als Ganzes, d. h. als eine kollektive Persönlichkeit zu erfahren. Als Menschheit sind wir noch in einer pubertären Phase. Wir wissen nicht so recht, wer wir sind. Aber die Entwicklung dieser Menschheitspersönlichkeit geht immer schneller voran. Wir erkennen bereits, dass Freund-Feind-Denken, Nationalismus, religiöser Fanatismus, Gewalttätigkeit usw. uns alle bedrohen und nicht nur den eingrenzbaren Ort, an dem diese Probleme gerade aktuell sind. Wir können uns zwar kaum vorstellen, wie unsere Menschheitszukunft einmal aussehen wird. Aber sie kündet sich schon an in einer wachsenden Offenheit und Sensibilität für den transpersonalen Bewusstseinsraum, in dem die heilenden Kräfte liegen. Wir entdecken, dass das Universum Geist ist und alles Physische nur eine Verdichtung dieses Geistes.

Der Mensch ist auf dem Weg zum Menschen. Mögen die Hiobsbotschaften in den Nachrichten auch nicht abreißen, das göttliche Prinzip wird sich von der Spezies Homo sapiens nicht in seiner Entfaltung hindern lassen. Die Welt ist nicht der missglückte Versuch eines zweitrangigen Demiurgen, sie ist das Werk Gottes, der uns bestätigt hat, dass alles gut ist. Der Mensch hat Zukunft, weil es die Zukunft Gottes ist.

Die Herausforderung an eine Religion bleibt immer die gleiche: wenn die Menschen das Geheimnis, das sie verkünden soll, nicht mehr verstehen, hat sie die Strukturen, die sie geerbt hat, zu hinterfragen. Die ewige Wahrheit, die immer die gleiche bleibt, das „kosmische Gesetz", das sich offenbaren will, muss in der sich wandelnden Entfaltung in Kultur und Gesellschaft erfahrbar werden. Der griechisch-römische Unterbau, der auf der ursprünglich jüdischen Basis errichtet wurde, muss ergänzt werden. Der hierarchische Aufbau, das Sakramentenverständnis, die Erlösungslehre und die Auferstehungsbilder müssen eine Deutung erfahren, die wir nachvollziehen können. Die Auseinandersetzung zwischen Buchstaben und Geist ist eine ständige Herausforderung. „Reißt diesen Tempel nieder, in drei Tagen werde ich ihn wieder aufrichten." … „Er aber meinte den Tempel seines Leibes." (Joh 2,19/21)

Die Evolution hat die Spezies Mensch mit einigen Erkenntnismöglichkeiten versehen, mit denen sie sich bis jetzt in der Biosphäre dieses Planeten einigermaßen zurechtfinden und behaupten konnte. Das Wesen des Seins selbst in einer direkten Erfahrung zu erfassen, blieb dem Menschen zunächst versagt. Er brauchte sie in der Kindheit der Menschheit nicht: Zum Überleben der Spezies reichte es zunächst, sich zu fürchten und davonzulaufen, sich zu verständigen und fortzupflanzen, Gefühle der Zuneigung und Abneigung zu haben. Alles andere war für das Überleben nicht unmittelbar wichtig, und so hat es die Spezies auch nicht entwickelt.

Die Zeiten, in denen sich der Mensch mit der Entfaltung dieser Anlagen zufrieden geben konnte, sind vorbei. Er kann es sich nicht mehr leisten, den Bereich des universalen Bewusstseins aus seinem Menschsein auszuklammern. Wieder einmal ist er in seiner Entwicklung in einer Sackgasse angelangt. Nur der Quantensprung in eine neue Bewusstseinsebene kann ihn vor dem Untergang retten. Der Mensch steht wieder einmal vor einer Öffnung seines Bewusstseins. Seine einzigen Überlebenschancen liegen darin, diese Öffnung mitzumachen. Nicht nur der Fromme, der Mensch der Zukunft wird ein Mystiker sein oder er wird nicht mehr sein.

Die Möglichkeit, seine Existenz durch eine transpersonale Gottheit und ähnliche Hoffnungsbilder zu deuten, die in einer endgültigen, fernen Zukunft erwartet werden, besitzt nicht mehr genügend Kraft. Der Mensch ist nicht mehr in der Lage, die religiöse Weltdeutung seiner Vorfahren ohne weiteres zu übernehmen und schaut daher nach neuen Paradigmen aus.

Unser Hiersein, in diesem Leib sein, gleicht einem großen Rätsel. Wir nehmen es so selbstverständlich hin, dass in diesem gewaltigen Universum plötzlich durch die Empfängnis so etwas wie ein geistbegabtes Wesen entsteht. Das ist überwältigend. Eigentlich müssten wir darüber staunen. Wir werden nie begreifen, wie und warum das geschieht. Der Schritt vom Sein ins Nichtsein und der Schritt vom Nichtsein ins Sein, lässt sich rational nicht ausloten. Wir sind gestaltgewordenes Bewusstsein. Zurückschauend können wir die Welt nur in dieser Gestaltwerdung begreifen. Wesen in einer anderen Gestalt begreifen eine Welt, wie sie ihrer Gestaltwerdung entspricht. Was wir erkennen können, ist nur ein Weltausschnitt aus der Fülle des Universums. Es ist nicht mehr als ein Blick durch ein Schilfrohr, in dem wir den Himmel betrachten, sagt eine Weisheit des Ostens.

Wir haben große Schwierigkeiten, uns sterblich zu erfahren. Wenn wir wirklich begreifen, dann erfahren wir uns als eine Prä-Existenz, Existenz und Post-Existenz. In unserem tiefsten Innern glaubt jeder an die Unsterblichkeit auch über den Tod hinaus.

Unser „Normalbewusstsein“ deutet uns nicht die Hintergründe unserer Existenz. Wir haben ein Koordinatensystem aus Genen, Familie, Schule, Religion und Gesellschaft aufgebaut, das wir für wirklich halten, in dem wir jetzt recht und schlecht leben. In dem wir auch unsere Existenz zu deuten versuchen. Aber dieses Koordinatensystem kreieren wir, damit wir nicht in Irrsinn und Verzweiflung fallen. Es gibt uns ein angebliches Zuhause. Obwohl es nur ein Modell ist, das wir geschaffen haben, um uns in diesem ungeheueren Weltraum einen Platz zu geben. Auch die Religion gehört zu diesem Koordinatensystem. Sie ist ein Deutungsversuch unserer Existenz. Schlimm ist nur, dass Religionen dieses Koordinatensystem verabsolutieren.

Angeblich werden unsere Weltsicht, unsere religiöse Einstellung, unsere gesamte Persönlichkeit von Genen geprägt. Das heißt man könnte als Krimineller geboren werden. Die Erbanlagen wären dann nicht nur für Gesundheit und Krankheit entscheidend, sondern auch für Charakter und Verhalten. Die Frage ist aber, ob uns Gene wirklich so autonom bestimmen können. Man stellt allerdings fest, dass eine andere Sache weit wichtiger ist und uns viel stärker beeinflusst als die Gene, nämlich die Einflüsse, die von außen kommen. Es gibt so etwas wie eine Gen-Regulation. Gene werden durch Signale aus der Umwelt ständig gelenkt und reguliert. Mit anderen Worten: Es gibt keinen Determinismus der Gene, keine absolute Festlegung. Gene können offensichtlich aktiviert und de-aktiviert werden. Die Neurobiologie kam zu entscheidenden Erkenntnissen. Psychische Zustände und Erfahrungen von innen und außen beeinflussen uns. Die Umwelteinflüsse führen zur Vermehrung von Nervenzellen in der Großhirnrinde und zu neuen Verschaltungen in Form von Synapsen.

Feindseligkeit, Aggression, Wut, aber auch Zuwendung, Liebe durch Bezugspersonen beeinflussen die Nervenwachstumsfaktoren der Gene. Wenn das aber so ist, dann spielen Religion und Spiritualität in unserem Leben eine wichtige Rolle. Sie bereiten ein Kind bereits körperlich vor. Sie schaffen entsprechende Verschaltungen in der Großhirnrinde, die uns öffnen für eine umfassendere Erfahrung auch der transpersonalen Wirklichkeit.

Gerade in der Kindheit wird unser Gehirn durch die Umwelt, durch biologische und psychische Signale verändert. Gesunde Beziehungen, die genug Freiraum für Individualität lassen, führen zur Ausschüttung bestimmter Botenstoffe, die wiederum eine Signalkette in Gang setzen. Zwischenmenschliche Beziehungen spielen offensichtlich eine ganz entscheidende Rolle. Beziehungen können krank machen und können die Gesundheit fördern. Angst, Depression, Gewalt, willentlich zugefügter Schmerz können bis zu Borderline-Persönlichkeitsstörungen führen.

Das heißt aber, ins Positive gekehrt, dass Religiosität in unserer Kindheit eine Öffnung ins mehrdimensionale Begreifen bringen kann. Religion und Spiritualität, und das bedeutet für mich immer ganzheitliches Leben, können also durch innere Einstellung, durch einen spirituellen Weg, durch die Öffnung zum Göttlichen hin in uns freigelegt werden. Wir sind inkarniertes Bewusstsein. Deswegen leben wir nicht in einer doppelten Wirklichkeit. Nein: Wir leben in einer Wirklichkeit, die mehrere Dimensionen hat, aber eine ist. Dazu gehört die transpersonale, die mystische Dimension.

VI. Philosophia perennis

A. Die ewige Religiosität

1. Was ist Wirklichkeit?

Wirklichkeit im Sinne der Mystik ist nicht das, was uns Ratio und Sinne ständig vorgaukeln. Wirklichkeit, so habe ich sie erfahren und so wurde sie mir in den Sutren des Zen immer wieder charakterisiert, ist (wenn sie überhaupt benannt wurde) „leere Einheit". Sie lässt sich nicht beschreiben, wenn es aber versucht wird, klingt es vielleicht so, wie es einer meiner Schüler in diesen Tagen beschrieben hat: „Die Welt ist zusammengebrochen! Kein Innen, kein Außen, kein Himmel, keine Erde! Ich bin nichts, keine Person, kein Mensch, nur Geist, Geist in dieser Bewegung des Schreibens. – Das ist es! Nur das! Nur der Strich und nicht mehr! Ich bin die Ur-Wirklichkeit, ohne Anfang und Ende. – Ich bin das Einzige im Himmel und auf Erden! – ES ist das Einzige im Himmel und auf Erden! – ES ist das Einzige im raumlosen Raum. – Überall – jederzeit – jetzt – und nirgendwo. – Nur das! – Bäume und Häuser haben keine Farben und Formen mehr. Glasklar! Ohne Gefühl! Wunderbar! Nur das Ticken der Uhr: tick, tick, tick … Kein Unterschied zwischen ihr und mir, nur: tick, tick, tick … Jeder Augenblick Freude, neu, einmalig! – Keine Welt, kein Körper, nur dieses Schreiben! – Wem soll ich danken? – Ich bin Es – Bin Es! – Bin! – Nur Sein! Keinen Augenblick versäumen! Eine neue Dimension jenseits von Raum und Zeit. Nur Dies! – Dieser Augenblick, hier und jetzt."

Vor einiger Zeit war ich in einer Stadt in Ostdeutschland. Unter den 250 TeilnehmerInnen waren viele aus den Kirchen ausgetreten, die Hälfte war nicht getauft. Aber es waren religiöse

Menschen, die einen spirituellen Weg suchen, der sich keiner Religion zurechnet. Und sie machen tiefe Erfahrungen, die sie entsprechend ausdrücken. Hier der Bericht einer Frau, die, wenn sie ihre Erfahrungen niedergeschrieben hat, immer wieder erschrickt. Sie hat Angst, man könnte sie für verrückt halten. „Was wir sind, kann niemals rational begriffen werden, weil alles Begreifen von ihm ausgeht. – Was wir sind, kann niemals beantwortet werden, weil es nur das gibt, was wir sind. Was wir sind, ist, bevor etwas wahrgenommen wird. – Es ist das, was wahrnimmt in allen Wahrnehmungen. Es ist das Einzige, was ist und was sich selbst wahrnimmt. – Es ist ‚Ich bin', vor allen Wahrnehmungen. Es ist ‚Ich bin' in allen Wahrnehmungen. Es ist, ‚Ich bin' nach allen Wahrnehmungen. Es ist, ‚Ich bin', reines Bewusstsein, Einheit, Anfang und Ende. Es ist nichts, was wahrgenommen wird. Ein Hund bellt. Kein Jemand, der es hört, kein Hund, kein Bellen. Nur das Geräusch aus der Stille. Nichts, das dieses Geräusch verursacht. Etwas greifen oder festhalten zu wollen ist leidvoll, weil es zum Greifen und Festhalten nichts gibt. Alles kommt aus der Leere und kehrt zu ihr zurück."

Die Tradition nennt den mystischen Strom, der in diese „Wahrheit" führt, sich durch alle Religionen hindurchzieht und auch außerhalb der Religionen zu finden ist, „Sophia perennis" (sophia = Weisheit, perennis = ewig). Der Begriff wurde von Steuchus Eugubinus geprägt, der um 1540 lebte. Leibniz nahm den Begriff auf: „quaedam philosophiam perennis". Sophia = Weisheit ist nicht ein intellektuelles Wissen. Weisheit kommt aus einer transmentalen Erkenntnis und kann daher mit Erfahrung der Wirklichkeit gleichgesetzt werden.

Es gleicht mehr dem Wort ‚Paideia' von Plato. Es charakterisiert einen Wandel der Persönlichkeit. Es bedeutet eine Umwendung des ganzen Menschen zu seinem tiefsten Wesen, zur Wahrheit hin, zu dem, was wirklich ist. Daraus kommt dann Erkenntnis, die nicht aus der intellektuellen Überlegung, sondern aus der Erfahrung stammt. Unter „Sophia perennis" verstehe ich eine Geisteshaltung und Weltsicht, die aus einer umfassenden Seinserfahrung kommt. Man könnte sie auch schlicht Mystik nennen. Der Begriff Mystik ist aber dafür zu eng. Er ist zu sehr auf das Christentum bezogen. Die außerchristliche transpersonale Erfahrung ist die bedeutsamere. Christliche Mystiker und Mystikerinnen mussten ihre Erfahrungen redogmatisieren, um nicht in Konflikt mit der Institution zu geraten. Darum klingen ihre Erfahrungsberichte oft langweilig.

Auch die christliche Mystik geht hinter die Begrifflichkeit und Bildhaftigkeit dessen, was wir Abendländer seit ein paar Tausend Jahren „Gott" nennen. Bei Pseudo-Dionysius lesen wir: „Die erste Ursache von allem ist weder Sein noch Leben. Denn sie ist es ja gewesen, die Sein und Leben erst erschaffen. – Die erste Ursache ist auch nicht Begriff oder Vernunft. Denn sie ist es ja gewesen, die Begriffe und Vernunft erschaffen. – Nichts in dieser Welt ist die erste Ursache. Denn alles in dieser Welt ist ja von ihr erschaffen."

Und bei Johannes vom Kreuz heißt es:

„Wie gut weiß ich den Quell,
der fließt und strömt,
obwohl es Nacht ist.
Ja, jene ew'ge Quelle ist verborgen.
Doch weiß ich gut, wo ihre Bleibe ist,
obwohl es Nacht ist.
Den Ursprung kenn ich nicht, denn sie hat keinen.
Doch aller Ursprung stammt aus ihr. Ich weiß es,
obwohl es Nacht ist ..."

John Chapman, der ein großer Ratgeber und Begleiter für Menschen auf einem spirituellen Weg war, schreibt einmal: „Der heilige Johannes vom Kreuz ist wie ein mit Christentum vollgesaugter Schwamm. Drückt man alles heraus, bleibt die volle mystische Theorie zurück. Infolgedessen hab ich Johannes vom Kreuz fünfzehn Jahre lang gehasst und einen Buddhisten genannt. Ich liebte die heilige Teresa und las sie immer wieder und immer wieder. Sie ist zuerst Christin und nur in zweiter Linie Mystikerin. Dann ging mir auf, dass ich – was das Beten anging – fünfzehn Jahre vergeudet hatte."

Aber auch Theresa von Avila erfuhr die bildlose Einheit. In ihrem Buch „Innere Burg" beschreibt sie zwei Möglichkeiten der leeren Einheit. Die erste Einheit löst sich auf, wenn der Mensch ins Tagesbewusstsein zurückkehrt: „Bei dieser Gnade des Herrn aber, von der wir jetzt sprechen, gibt es keine Trennung mehr, denn immer bleibt die Seele mit ihrem Gott in jener Mitte. Wir wollen sagen: Die Vereinigung gleicht zwei Wachskerzen, die man so dicht aneinander hält, dass beider Flamme ein einziges Licht bildet; und sie ist jener Einheit ähnlich, zu der der Docht, das Licht und das Wachs verschmelzen. Danach aber kann man leicht eine Kerze von der anderen trennen, so dass es wieder zwei Kerzen sind." Die wirkliche Einheit beschreibt sie mit folgenden Worten: „Hier jedoch ist es, wie wenn Wasser vom Himmel in einen Fluss oder eine Quelle fällt, wo alles nichts als Wasser ist, so dass man weder teilen noch sondern kann, was nun das Wasser des Flusses ist und was das Wasser, das vom Himmel gefallen; oder es ist, wie wenn ein kleines Rinnsal ins Meer fließt, von dem es durch kein Mittel mehr zu scheiden ist; oder aber wie in einem Zimmer mit zwei Fenstern, durch die ein starkes Licht einfällt: dringt es auch getrennt ein, so wird doch alles zu einem Licht." (Vogelgsang)

Eckhart spricht von dieser leeren Einheit, wenn er vom Innersten des Menschen spricht, das er „Bürglein" nennt. „Da hat niemand hineingelugt, nicht einmal der Dreifaltige Gott, denn dort ist Einheit." „… dieses einige Eine ist ohne Weise und ohne Eigenheit. Und drum: Soll Gott je darein lugen, so muss es ihn alle seine göttlichen Namen kosten und seine personenhafte Eigenheit; das muss er allzumal draußen lassen, soll er je darein lugen. Vielmehr, so wie er einfaltiges Eins ist, ohne alle Weise und Eigenheit, so ist er weder Vater noch Sohn noch Heiliger

Geist in diesem Sinne und ist doch ein Etwas, das weder dies noch das ist." (Quint, Pred. 2)

Erstaunlicherweise war Nietzsche ein solcher Durchbruch beschieden. Leider hat er ihn nicht als diese andere Ebene des Göttlichen erkannt. Der personale, jenseitige Gott, „den er getötet hat", existiert in der Mystik nicht. Ihn hat es nie gegeben. Hier sein Erlebnis am Felsen von Surlei:

„Was machen wir mit dem Rest unseres Lebens – wir, die wir den größten Teil desselben in der wesentlichsten Unwissenheit verbracht haben? Ich erzähle nunmehr die Geschichte des Zarathustra. Die Grundkonzeption des Werkes, der Ewige-Wiederkunfts-Gedanke, diese höchste Formel der Bejahung, die überhaupt erreicht werden kann –, gehört in den August des Jahres 1881: Er ist auf ein Blatt hingeworfen, mit der Unterschrift: 6000 Fuß jenseits von Mensch und Zeit. – Ich ging an jenem Tage am See von Silvaplana durch die Wälder; bei einem mächtigen pyramidal aufgetürmten Block unweit Surlei machte ich Halt. – Rechne ich von diesem Tage ein paar Monate zurück, so finde ich, als Vorzeichen, eine plötzliche und im Tiefsten entscheidende Veränderung meines Geschmacks, vor allem in der Musik."

Und er fährt fort: „Der Begriff Offenbarung, in dem Sinn, dass plötzlich, mit unsäglicher Sicherheit und Feinheit, etwas sichtbar, hörbar wird, etwas, das einen im Tiefsten erschüttert und umwirft, beschreibt einfach den Tatbestand. Man hört, man sucht nicht; man nimmt, man fragt nicht, wer da gibt; wie ein Blitz leuchtet ein Gedanke auf, mit Notwendigkeit, in der Form ohne Zögern, – ich habe nie eine Wahl gehabt.

Eine Entzückung, deren ungeheure Spannung sich mitunter in einen Tränenstrom auflöst, bei der der Schritt unwillkürlich bald stürmt, bald langsam wird; ein vollkommenes Außer-sich-sein mit dem distinktesten Bewusstsein einer Unzahl feiner Schauder und Überrieselungen ...; eine Glückstiefe, in der das Schmerzlichste und Düsterste nicht als Gegensatz wirkt, sondern als bedingt, als herausgefordert ... – die Länge, das Bedürfnis nach einem weitgespannten Rhythmus, ist beinahe das Maß für die Gewalt der Inspiration ... Alles geschieht im höchsten Grade unfreiwillig, aber wie in einem Sturme von Freiheitsgefühl, von Unbedingtsein, von Macht, von Göttlichkeit ... Es scheint wirklich, um an ein Wort Zarathustras zu erinnern, als ob die Dinge selber herankämen und sich zum Gleichnis anböten ..."

Nietzsche erlebt hier die tiefe Erschütterung vieler Mystiker, die zunächst einmal das Erlebte nicht einordnen können. Es schüttelt sie durch. Sie gehen durch Himmel und Hölle. Das gewöhnliche Leben und das Geschaute lassen sich am Anfang nur schwer zusammenbringen. Die praktische Anwendbarkeit im Leben scheint unmöglich. Das Individuum als Träger biederer Vernünftigkeit macht keinen Sinn mehr. Und das alles widerfährt einem Menschen, der es nicht gesucht hat.

In seiner Schrift „Ecce homo" schreibt er: „Mit dem geringsten Rest von Aberglauben in sich würde man in der Tat die Vorstellung, bloß Inkarnation, bloß Mundstück, bloß Medium übermächtiger Gewalten zu sein, kaum abzuweisen wissen." (Nietzsche, S. 107 f.)

So unwahrscheinlich es manchen klingen mag, auch Schopenhauer hatte eine Einheitserfahrung. Bei seiner pessimistischen Weltsicht überraschte mich sein Tagebucheintrag von 1813. Es heißt da: „Ich aber sage in dieser Zeitlichen, Sinnlichen, Verständlichen Welt gibt es wohl Persönlichkeit und Kausalität, ja sie sind sogar nothwendig. – Aber das bessre Bewusstseyn in mir erhebt mich in eine Welt, wo es weder Persönlichkeit noch Kausalität noch Subjekt und Objekt mehr gibt." – Schopenhauer versucht, die Welt so zu beschreiben, wie sie sich dem „Besseren Bewusstsein" zeigt. (Unter „Besseres Bewusstsein" versteht Schopenhauer die ekstatische Erfahrung). „Er blickt nun ruhig und lächelnd zurück auf die Gaukelbilder dieser Welt, die einst auch sein Gemüt zu bewegen und zu peinigen vermochten, die aber jetzt so gleichgültig vor ihm stehen wie die Schachfiguren nach geendigtem Spiel oder wie am Morgen die abgeworfenen Maskenkleider, deren Gestalt uns in der Faschingsnacht neckte und beunruhigte. Das Leben und seine Gestalten schweben noch vor ihm wie eine flüchtige Erscheinung, wie dem Halberwachten ein leichter Morgentraum, durch den schon die Wirklichkeit durchschimmert und der nicht mehr täuschen kann." (Aus: Neue Züricher Zeitung, 31. Dezember 99, S. 49)

Heideggers Leben war bewegt von der Frage nach dem Sein. Er wollte dieses Geheimnis, das in der Moderne zu verschwinden droht, zurückgewinnen. Es wird vor allem in „Der Feldweg" sichtbar: „Wenn die Rätsel einander drängten und kein Ausweg sich bot, half der Feldweg". Feldweg, das ist bei Heidegger die Zurücknahme des aktiven Denkens zu Gunsten einer Seinserfahrung. Darum fährt er fort: „Aber der Zuspruch des Feldweges spricht nur so lange, als Menschen sind, die, in seiner Luft geboren, ihn hören können. Der Mensch versucht vergeblich, durch sein Planen den Erdball in eine Ordnung zu bringen, wenn er nicht dem Zuspruch des Feldweges eingeordnet ist. Die Gefahr droht, dass die Heutigen schwerhörig für seine Sprache bleiben. Ihnen fällt nur noch der Lärm der Apparate, die sie fast für die Stimme Gottes halten, ins Ohr." „Der Verzicht nimmt nicht. Der Verzicht gibt. Er gibt die unerschöpfliche Kraft des Einfachen."

In seinem Buch „Holzwege" sagt er es noch deutlicher: „… das Nichts ist als das Nichthafte des Seienden der schärfste Widerpart des bloß Nichtigen. Das Nichts ist niemals nichts, es ist ebenso wenig ein Etwas im Sinne eines Gegenstandes; es ist das Sein selbst, dessen Wahrheit der Mensch dann übersteigen wird, wenn er sich als Subjekt überwunden hat und d. h. wenn er das Seiende sich nicht mehr als Objekt vorstellt."

Von einem „Abgesang auf Gott" kann auch in unserer Zeit keine Rede sein. Es bleibt die Suche nach dem Göttlichen, dem

Menschen viele Namen gegeben haben. C. G. Jung spricht von seinen Seinserfahrungen: „Manchmal habe ich das Gefühl, mich über die Landschaft und in den Dingen auszubreiten, das Gefühl, dass ich in jedem Baum lebe, in den aufspritzenden Wellen, in den Wolken und in den Tieren, die kommen und gehen, in der Prozession der vier Jahreszeiten."

2. Persona – Wer bin ich?

Unser Selbstbild ist gleichsam eine Maske. Im Theater der Griechen spielte sie eine wichtige Rolle. Aus der Maske, hinter der sich der Schauspieler verbarg, tönt das Eigentliche, das Wahre hervor. Manche unterscheiden Person und Ich. Sie sagen: Person ist Beziehung. Sie ist mehr als Ich. Wenn Person Beziehung ist, kann es nur Beziehung im Einen sein. Es ist die Beziehung einer Welle mit der anderen im gleichen Wasser. Es ist die Beziehung der Welle mit dem Ozean. Der Mensch muss eine Persönlichkeit entwickeln, ein stabiles Ich. Aber es ist falsch, wenn wir glauben, dass wir unser Körper, unsere Gefühle, unser Verstand sind. Wir identifizieren uns mit unserer Person und sagen: Ich bin Arzt, Mutter, ich bin schön, gescheit, reich. Aber das ist nur eine Rolle, eine Per-sona, eine Maske, durch die unser wahres Wesen hindurchtönt. Aus dieser falschen Identifikation herauszutreten, bedeutet ein ständiges Verlassen des Selbstbildes. Das Selbstbild, das ein Mensch von sich hat, grenzt ihn ein. Ein großer Anteil unserer Persönlichkeit wird von Glaubenssätzen und Vorstellungen ausgefüllt, die uns in der Kindheit und Jugend eingeprägt wurden und die uns an einem freien Leben hindern. Sie bestimmen unser religiöses Leben, unsere Beziehungen, unser Verhalten im Beruf und in der Gesellschaft. Wer diese Eingrenzungen durchleuchten und ablegen kann, erfährt die eigentliche Natur des Geistes, die keinerlei Formen enthält, sich aber in alle Formen ergießt. Wenn das Alte bestehen bleibt, gibt es keine wirkliche Veränderung. Nur wer die

Identifikation mit seinem Ichbild, das bis in die feinsten Nuancen unserer Psyche hineinreicht, immer wieder verlassen kann, gelangt in die Erfahrung der Leere und Einheit. In der theistischen Mystik „stirbt“ das Ich in der „Unio mystica“. In der östlichen Mystik gibt es kein Ich, das Permanenz hat.

Alle Bilder, Symbole und Begriffe sind wie Glasfenster, die vom Licht dahinter erhellt werden. Das Licht selbst kann nur erfahren werden. Die Erfahrung dieses Lichtes, das alles erhellt, dieses Lebens, das allem Dasein gibt, wird Leerheit, Brahman, Gottheit, erste Wirklichkeit, Urgrund genannt. Aber kein Name kann sie erfassen.

Sophia perennis ist die transkonfessionelle Einheit der Religionen. An vielen Orten gibt es das interkonfessionelle Gespräch, an dem sich Theologen und religiöse Institutionen beteiligen. Es geht dabei um Zusammenarbeit auf sozialem, gesellschaftlichem und politischem Gebiet. Diese Gespräche und die daraus resultierende Zusammenarbeit sind von größter Bedeutung, haben sich Religionen doch jahrhundertelang bekämpft. In der Sophia perennis geht es um die Erfahrung der Wirklichkeit oder, wie Zen sagt, um eine „Realisation der Wirklichkeit.“ Alle Religionen haben neben ihren Heiligen Büchern, ihren Ritualen und ethischen Anordnungen auch Wege in die Erfahrung dessen gelehrt, was sie in ihren Büchern und Predigten verkünden. Aus der Verbalisierung dieser Erfahrung entstanden die einzelnen Religionen. Sie drücken die Erfahrung individuell aus. Und so entstanden die kulturellen, sozialen, sprachlichen und zeitbedingten Unterschiede. Am Anfang jeder Religion steht die Erfahrung der ersten Wirklichkeit, dort ist die wahre Einheit.

Viele Menschen spüren heute den Verlust der Transzendenz. Sie machen sich auf die Suche in den östlichen Religionen. Vielleicht ist dieser Verlust das bedeutendste und weitreichendste Phänomen unserer Zeit. Wir werden diesen Verlust als Menschheit teuer bezahlen müssen. Vielleicht bringt er uns an den Rand unserer Existenz. Denn wo sollen wir die Motivation für eine Werteordnung finden, die Grundlage für unsere Gesellschaft sein könnte? – Gott ist nicht ein kultisches Objekt, das man verehren müsste. Er will nicht auf diesem oder jenem Berg angebetet werden (Jesus am Brunnen von Samaria), er will erkannt und gelebt werden, hier und jetzt. Wir agieren Gott. Er ist ein Prozess, der sich in uns und durch uns vollzieht. Das „in uns" kann man falsch verstehen, besser sagen wir daher „als wir". Wir sind so, wie wir sind, der Vollzug des Göttlichen. Gott offenbart sich im Baum als Baum, im Tier als Tier, im Menschen als Mensch. Wir sind Gottmenschen, wie Jesus, eine Epiphanie Gottes. Gott thront nicht jenseits seiner Welt. Die Distanz zwischen Gott und Welt wuchs mit dem Eingottglauben, der über Echnaton (13. Jahrhundert v. Chr.) und vielleicht durch Moses (12. Jahrhundert v. Chr.) ins Alte Testament kam und so ins Christentum. Im Gefolge gab es patriarchalische Strukturen, Macht und Untergebene, Über- und Unterordnung von Natur und Mensch, von Mann und Frau, weißer und farbiger Haut, reich und arm.

Sehr viele Menschen haben in unseren Tagen den Bezug zum theistischen transzendenten, weltabgehobenen Gott verloren. Der Mensch musste in einer solchen Konfession die Erfüllung außerhalb seiner selbst suchen. Die Moral hielt Einzug in die Religionen. Das führt zu Weltpessimismus, zum Tal der Tränen, zur Vertröstung auf das Jenseits, zu Weltverachtung. Die Folge ist ein gespaltener Mensch. Die Rückbindung an das Eine ist eine angeborene Religiosität. Die Sehnsucht nach dem Einen liegt in unserer menschlichen Grundstruktur. Die Mystik schenkt auch dem Menschen unserer Tage die Erfüllung seiner Sehnsucht, aber sie verweist ihn auf das Diesseits.

3. Platos Höhlengleichnis

Plato charakterisierte die Situation des Menschen im so genannten Höhlengleichnis. Unter der Erde halten sich Menschen in einer höhlenartigen Behausung auf. Nach oben ins Tageslicht führt ein langer, aber nicht sichtbarer Gang. In dieser Höhle leben Menschen, die von Kindheit an am ganzen Körper so gefesselt sind, dass sie sich nicht umdrehen können. Sie müssen in der gleichen Stellung verharren und können nur die vor ihnen liegende Felswand anschauen. Sie können ihre Köpfe nicht drehen. Der Lichtschein eines Feuers fällt von rückwärts gegen diese Felswand. Zwischen dem Feuer und den Gefesselten, an deren Rücken also, verläuft hinter einer niedrigen Mauer ein Weg, so dass man von allem, was vorbeigeht, nur die obere Hälfte sehen kann.

An diesem Mäuerchen entlang laufen Menschen, die alles Mögliche auf dem Kopf tragen: Bildwerke, Gebrauchsgegenstände und andere mannigfaltige Dinge des Alltags. Durch das hinter ihnen liegende Feuer werden die Schatten dieser Gestalten auf die Felswand übertragen. Die Gefesselten unterhalten sich und diskutieren über das, was da als Schatten vor ihnen auf der Felswand erscheint. Plato meint, dass diese Gefangenen ganz uns Menschen gleichen. Sie sind in sich selbst gefangen. Man ist sich in der Höhle sicher, im vollen und einzigartigen Besitz der Wahrheit zu sein. Nie bekommt man etwas anderes zu sehen als diese Schatten, die ständig vom Feuerschein auf die Höhlenwand geworfen werden, und hält sie für die absolute Wahrheit.

Das, was die Menschen sehen, regt sie zur Unterhaltung an. Sie reden über diese Schatten, die sie für das eigentlich Seiende halten. Wenn einer der hinter ihnen Vorbeiziehenden sprechen würde, dann würden sie annehmen, dass die Schatten sprechen können, und alle die Gerätschaften, die sie auf dem Kopf tragen, würden sie nur in ihrer Schattendimension begreifen können. Plato fragt nun: Was wäre, wenn einer der Gefangenen sich befreien könnte? Er würde zurückblicken in den Feuerschein, aber das würde ihn zunächst mehr verwirren, als ihm tiefere Erkenntnisse vermitteln. Seine Augen würden schmerzen, er würde sich abwenden. Er würde vielleicht sogar annehmen, dass die Schatten klarer wären, als das, was er jetzt rückwärtsblickend sehen kann.

Wenn es aber einer dann doch schaffen würde, den holprigen steilen Gang aus der Höhle nach draußen zu benutzen und hinaufzusteigen? Er käme ins Licht der Sonne und er wäre geblendet von diesem Lichtglanz. Plato meint, dass man sich an das Licht der Sonne gewöhnen muss. Und der mutige Aussteiger würde lieber erst bei Nacht spazieren gehen, weil das Licht des Mondes nicht so grell ist. Später aber würde er alles sehen und könnte unter Umständen auf die Sonne selber blicken und nicht auf ihren Widerschein im Wasser und in den Dingen. Wenn einer von denen, die hinaufgestiegen sind, nun wieder hinuntersteigen würde, um denen unten zu berichten, wie die Wirklichkeit aussieht, würde er sich der Lächerlichkeit preisgeben. Die unten würden ihn nicht verstehen. Sie würden ihm sagen: „Das hast du vom Aussteigen, du hast deine Augen verdorben, und es lohnt sich durchaus nicht, hinaufzugehen." Und wenn sie ihre Fesseln lösen könnten, würden sie ihn eher töten, als ihm glauben. Er würde ihr Konzept von Wirklichkeit stören. Und die religiösen Systeme würden ihm sagen, es sei Vermessenheit und seit dem Paradies die Hybris des Menschen, mehr sein zu wollen, als er ist.

In seiner Auslegung erkennt Plato sehr deutlich, dass der Mensch der Wirklichkeit und der Wahrheit nicht ohne weiteres gewachsen ist. Wenn er ihr begegnet, ist er zunächst eher verwirrt. Es bedarf eines Transformationsprozesses, das Eingewöhnen ist ein langwieriger Prozess. Wir nennen ihn in der Mystik den „Weg der Reinigung". Es muss sich eine Wandlung der Persönlichkeit vollziehen und das meint Plato mit dem Wort „Paideia". Es bedeutet eine Umwendung des ganzen Menschen zu seinem tiefsten Wesen, zur Wahrheit hin, zu dem, was wirklich ist. Daraus kommt dann Erkenntnis, die aus der Erfahrung stammt und nicht aus der intellektuellen Überlegung.

Die Mystik spricht in diesem Zusammenhang von Weisheit: Sie verwandelt das Innerste des Menschen, in dem sie ihn in seine Mitte führt, in sein eigentliches Sein, aus dem heraus er dann handelt. Der Weg setzt also einen Transformationsprozess voraus. Es gilt, ohne Fesseln leben zu lernen. Denn wir haben zurückzukehren in den Alltag, zum Marktplatz. Es gibt Anzeichen, dass sich die Menschheit langsam aus diesen Fesseln ihres Höhlengefängnisses befreit und dass vielleicht auch Religion wieder attraktiv wird, weil sie ihre Aufgabe erkennt, die Menschen aus dem religiösen Dogmatismus hinauszuführen.

Denen, die eine tiefe Erfahrung der Wahrheit gemacht haben, die zur Weisheit gelangt sind, erlaubt Plato nicht im Lichte zu bleiben. Sie haben zurückzukehren in die Höhle, zu ihren Mitmenschen also, und ihnen vom Licht zu erzählen. Zen sagt: Du steigst auf den Berg, um wieder hinunterzusteigen auf den Marktplatz. Petrus möchte auf dem Berg Tabor bleiben und drei Hütten bauen. Jesus aber steigt vom Berg wieder hinunter und sagt den Jüngern, dass er jetzt durch Leid und Tod zu gehen hat.

4. Das andere Menschenbild – das andere Gottesbild

Der Mensch findet sich in einer verwirrenden Welt vor. Darum fragt er seit eh und je: Wer bin ich? Warum bin ich eigentlich da? Diese uralten Fragen werden in unseren Tagen mit neuer existentieller Schärfe, oft mit Verzweiflung gestellt. Früher mögen Menschen gefragt haben: Wie finde ich einen gnädigen Gott? Heute fragen sie: Warum laufe ich als Mensch ein paar Jahrzehnte auf diesem absolut unbedeutenden Staubkorn im Kosmos herum, dem seine Bewohner den Namen „Erde“ gegeben haben? Der Mensch hat sich in der Neuzeit zunehmend ein Bild von sich gemacht, nach dem er autonom, unabhängig von

Gott wäre. Er hat sein Leben instrumentalisiert und vergessen, dass es einen Sinn in sich selbst hat. Das formale, operationale Denkvermögen, das in unserer linken Gehirnhälfte angelegt ist, hat in der westlichen Kultur so die Oberhand über die rechte Gehirnhälfte gewonnen, dass es die mystische Seele in uns mehr und mehr verdrängen konnte.

Manche Religionen haben Gott kleingeredet. Sie haben den Trennungsgraben zwischen Welt und Gott weit aufgerissen. Die Überbetonung des personalen Gottes hatte für den Mittelmeerkulturraum auch negative Folgen. Die griechischen und lateinischen Kirchenväter kannten diese scharfe Trennung nicht. Irenäus durfte noch sagen: „Gott wurde Mensch, damit der Mensch Gott werde." Klemens von Alexandrien verkündete noch: „Der göttliche Logos ist Mensch geworden, damit wir von einem Menschen lernen können, wie ein Mensch vergöttlicht werden kann." – Es geht darum, in dieser irdischen Wirklichkeit bereits selbst Gott zu werden und „als ein Gott im Fleische umherzugehen". Die echte Mystik versuchte immer wieder, den Dualismus zwischen Welt und Gott abzuwehren.

Origenes (184-253) warnte vor der dogmatischen Rechtgläubigkeit und vor der Meinung, der Gottesdienstbesuch oder die Taufe seien das Wesentliche des Christseins. Basilius verkündete: „Es ist uns aufgegeben, Gott gleich zu werden nach dem Vermögen der menschlichen Natur."

Eckhart und Thomas von Aquin versuchten, jeden Dualismus zwischen dem transzendenten Gott und der Welt hinter sich zu lassen. Eckhart sagt: „Da wähnen die Leute, Gott sei nur dort (in Jesus) Mensch geworden. Dem ist nicht so; denn Gott ist hier ebenso wohl Mensch geworden wie dort, und er ist aus dem Grunde Mensch geworden, dass er dich als seinen eingeborenen Sohn gebäre und als nicht weniger … Denn deine menschliche Natur und die seine (Jesu) haben keinen Unterschied." Gotteserkenntnis führt nicht zu einem Wissen über Gott, sondern zur Einheit mit Gott: „Was hilft es mir, dass diese Geburt immerfort geschehe und doch nicht in mir geschieht?

Dass sie aber in mir geschehe, daran ist alles gelegen." (Pred 57) Aus dem An-Gott-Glauben wird ein Aus-Gott-Leben, wird Geburt aus Gott und Erneuerung aus Gott.

Die Väter kannten bestimmte Bilder, um diese Einheit zu erläutern. Der Kosmos erschien ihnen als ein Ganzes, das zwei Aspekte hat. Sie erklärten es mit Sonne und Licht – Quelle und Bach – Wurzel und Baum. Aber in Wirklichkeit sind beide Aspekte eins. Diese Beispiele zeigen ganz deutlich die Non-Dualität. Das Eine besitzt zwei Aspekte, so wie ein Stab zwei Enden hat. Die Einheit des Seins ist wichtiger als die intellektuelle und psychische Unterscheidung. Diese Einheit ist zeitlos. Sie verbindet alle Formen miteinander, so wie Inseln in der Tiefe des Wassers miteinander verbunden sind.

Die Sophia perennis zieht sich durch alle Zeiten. Sokrates, Platon, Plotin, Augustinus, Thomas von Aquin, Johannes Duns Scotus, Meister Eckhart, Nikolaus von Kues verkündeten einen weltimmanenten Gott. Aber auch Pascal, Spinoza, Leibniz, Schelling, Fichte, Kant waren mit dem transzendenten Gott nicht zufrieden. Sie alle vertraten mehr oder weniger in ihrem Gottesglauben eine Nicht-Zweiheit. Sie verkündeten eine Erfahrung Gottes im Tiefengrund der Seele. Hier ist der Mensch Gott näher als sich selbst. Gott in uns Mensch werden zu lassen, ist ihr Anliegen, ein mit Gott „Mit-Liebender" zu werden. (Duns Scotus) Manchen erschien der Glaube in den überlieferten Dogmen erstarrt. Die Seele ist der bevorzugte Ort, an dem Gott erfahren wird. Was Hegel vor 200 Jahren schrieb, wird heute verstärkt wieder lebendig: „Es liegt im Begriff der Religion, dass sie ... nicht eine blasse historische oder räsonierte Kenntnis ist, sondern dass sie das Herz interessiert, dass sie einen Einfluss auf unsere Empfindungen und auf die Bestimmung unseres Willens hat." Das Göttliche darf nicht zu etwas Fremdem, Übermächtigem werden.

Für Schelling war die Frage „Wer bin ich?" die entscheidende Frage seines Lebens. Er fand sie im „Ich". Aber dieses „Ich" ist für ihn die Offenbarung des Einen, die Form, in der sich das Eine offenbart. „Ursprünglich ist nichts als das Ich und zwar als oberste Bedingung gegeben." – „Das Ich ist nichts anderes als Selbstbewusstsein." Das Ich im Sinne des Selbstbewusstseins ist für alle Menschen das Gleiche. Es liegt allem zugrunde. Schelling nennt es, wie Fichte, das „absolute Ich". Dieses Ich ist nicht das empirische, im normalen Bewusstsein vorkommende Ich. Dieses Ich, das wir heute „Selbst" nennen, wurzelt im Einen. Es ist nichts Individuelles. Es ist nicht das, was der Durchschnittsmensch unter Ich versteht. Für Schelling ist die Seele das Göttliche im Menschen. Schelling nannte das Eine „absolutes Erkennen", die „absolute Erkenntnis", das „Urwissen", „göttliche Anschauung". „Uns allen nämlich wohnt ein geheimes, wunderbares Vermögen bei, uns aus dem Wechsel der Zeit in unser Innerstes, von allem, was von außen her hinzukam, entkleidetes Selbst zurückzuziehen und da unter der Form der Unwandelbarkeit das Ewige in uns anzuschauen." „Das absolute Erkennen" ist „das Absolute Selbst." – „Das Absolute Erkennen ist Gott selber." Im absoluten Erkennen erscheint Gott und offenbart sich Gott selber. Dort erkennen wir die „Identität" mit Gott. – Nur so kann für Schelling die Entfremdung des Menschen aufgehoben werden. Es gibt „kein Wirkliches in uns noch außer uns … als das Göttliche". – „Das absolute All ist nichts anderes als … Gott selbst." – „Die Geschichte als Ganzes ist eine fortgehende, allmähliche enthüllende Offenbarung des Absoluten." Die „Ichheit" dagegen bildet den „Punkt der äußersten Entfernung von Gott". – „Ich gebe mich dem Unendlichen dahin, ich bin in ihm, bin alles, bin nur es." (in einem Hölderlin gewidmeten Gedicht)

Johannes vom Kreuz: „Unser Erwachen ist ein Erwachen Gottes, und unser Auferstehen ist ein Auferstehen Gottes." (LF IV, 9) – Eckhart: „Wer in Gottes Grund kommen will, der muss in seinen eigenen Grund kommen." Die sich ausbreitende Gottesferne ist nur ein krisengeschütteltes Durchgangsstadium in der Geschichte des Menschen. Gott wird aber zum Bewusstsein seiner selbst im Menschen gelangen. Unsere Aufgabe ist es, meint Schelling, „dass wir… uns Gottes als unseres wahren und wesentlichen Selbst bewusst werden." Gott ist nicht Einschränkung der Freiheit, er ist die Befreiung.

Nicht Jesus von Nazareth war es, der zwischen Gott und Welt, Gott und Natur die trennenden Gräben aufriss. Er verkündete das Gottesreich in uns. So wird er vom Evangelisten Markus eingeführt: „Die Zeit ist erfüllt, und das Reich Gottes ist herbeigekommen, kehrt um und glaubt der Frohbotschaft". Er verkündete eine Schöpfungs-Spiritualität von Innen. Das Reich Gottes ist in uns. Die theistische Theologie neigt zu einem dualistischen Theismus. Die rationalistischen Vorstellungen von Wirklichkeit bereiten den Menschen von heute Schwierigkeiten. Die rigorose, übermächtige theologische Tradition sprach dem Menschen Jesus die alleinige Göttlichkeit zu. Nur er soll Sohn Gottes sein. Jesus selbst nannte sich „Menschensohn". Diese Theologie ist auch bei vielen Theologen längst überholt, aber sie wagen sich nicht an die Öffentlichkeit. Die Einmaligkeit und Einzigartigkeit der Offenbarung durch Jesus lässt sich nicht mehr aufrechterhalten. Diese Glaubenslehre entfernt sich vom Welt- und Menschenbild unserer Zeit.

5. Das Ich in der Erfahrung

Der normale Bewusstseinsstand behält in der mystischen Erfahrung seine Bedeutung. Das Ichbewusstsein muss polarisieren und sezieren. Es hat die Tendenz, das Wissen, das darüber hinaus reicht, zu verdrängen. Das ist der natürliche Vorgang der Selbsterhaltungstendenz. Der Mensch braucht ein starkes Ich. Das Ich macht ihn zum Menschen. Auch die transmentalen Erkenntnisse sind, wenn sie ausgedrückt werden sollen, weitgehend wieder an den ichzentrierten Zustand gebunden. Dass sie oft unwirklich erscheinen, liegt an der Tatsache, dass die Erfahrung nur schwer ins Rationale übersetzt werden kann.

Bewusstsein übersteigt die menschliche Rationalität. Der Kosmos ist a-rational oder trans-rational organisiert, nicht vergleichbar mit logischem, analytischem Denken. Dieses a-rationale Bewusstsein kennt keine raumzeitliche Endlichkeit. Mystische Erfahrung ist ein a-rationales Erfahren, das in die Kategorien des Rationalen gehoben werden muss, um dort kommunikabel zu werden.

Wir sagen, dass wir „außer uns" geraten, wenn wir in weitere Bewusstseinsebenen vordringen. In Wirklichkeit geraten wir außer uns, wenn wir aus dem kosmischen Bewusstseinsfeld herausfallen in die Ich-Ebene. Das Ich ist nur die Filiale des kosmischen Bewusstseins. Es ist nicht das Zentrum des Tuns. Das Ich bleibt uns als Organisationszentrum. Das Verbindende ist das Sein, aus dem eine universale Liebe erwächst. Sie entspringt aus der Unio mystica. Dabei geht es nicht um ein Sacrificium des Intellektes, auch wenn das jeder Mystik gerne vorgeworfen wird, es geht um eine Befreiung des Intellektes von seiner Einspurigkeit und um die Erkenntnis, dass der Mensch im Metaphysischen angesiedelt ist.

B. Mystik und Wirklichkeit

1. Die Schwierigkeit, Wirklichkeit zu benennen

Ein in der christlichen Tradition gebrauchtes Wortpaar für die verschiedenen Formen der Spiritualität ist „kataphatisch" und „apophatisch" (kata = hinab, hinein; apo = weg). Es gibt wohl keine Religion, die nicht einen zweifachen Weg zu Gott zeigt. Die kataphatische Spiritualität arbeitet mit Bewusstseinsinhalten, d. h. mit Bildern, Symbolen, Vorstellungen und Begriffen. Sie ist inhaltsorientiert und geht von der Überzeugung aus, dass der Mensch Bilder und Begriffe braucht, um Gott zu erkennen, und dass sie für die Entfaltung des religiösen Lebens von größter Bedeutung sind.

Die apophatische Spiritualität ist auf das reine, leere Bewusstsein hin orientiert. Inhalte werden als Hindernis angesehen. Solange das Bewusstsein an Bildern oder Konzepten festhält, ist es noch nicht dort, wo die eigentliche Erfahrung Gottes möglich ist. Bilder und Vorstellungen verdunkeln das Göttliche mehr als dass sie es erhellen. Sie sind Glasfenster, die vom Licht, das dahinter leuchtet, erhellt werden. Wer das Licht sehen will, muss hinter die Glasfenster schauen. Der fundamentale Unterschied in den Religionen liegt also nicht in den Lehren und Riten der einzelnen Religionen, sondern zwischen der esoterischen oder exoterischen Spiritualität dieser Religionen.

2. Gott – ein Prozess

Die Urwirklichkeit, die wir „Gott" nennen, ist nicht statisch, sie ist auch nicht im rationalen Sinne linear. Sie zielt nicht auf einen Punkt Omega. Sie ist immer gleichzeitig Alpha und Omega. Die Wellen kommen und gehen, das Meer ist immer gleichbleibend. Die Energien verändern die Oberfläche. Nicht das Wasser fließt weiter, die Energien schaffen aus Wasser neue Wellen. Mit anderen Worten: Gott offenbart sich im Baum als Baum und im Tier als Tier und im Menschen als Mensch. Und wenn der Mensch stirbt, offenbart sich Gott im Sterbe- und Verwesungsprozess. Was bleibt, ist nicht notwendigerweise eine individuelle oder personale Struktur, wie sie sich der Mensch vorstellt. Es ist eine neue Seinsweise. Das gleiche göttliche Leben offenbart sich in einer neuen Struktur. Ob diese vollkommen neue individuelle oder personelle Struktur eine Verbindung mit der vorausgehenden Form behält, ist für mich unwichtig. Wiedergeboren wird immer nur dieses Urprinzip Gott. Ganz gleich in welcher Form wir eventuell wiederkommen, es ist immer eine Form Gottes. Man könnte dies eine kosmische Religiosität nennen. Ansätze einer solchen Religiosität sind deutlich sichtbar. Aber zunächst kann sie sich wohl, wie das eigentlich immer war, nur auf Häretiker, heilige Narren, Weise und Nonkonformisten stützen. Im römischen Katechismus kommt der Begriff „Mystik“ nicht einmal vor. Dagegen flatterte mir vor ein paar Wochen der Katalog einer bekannten Buchhandlung auf den Tisch, der einige Hundert esoterische und der Esoterik nahestehende Titel anbot.

Es dauert noch einige Zeit, bis die Spezies Mensch sich als eine zeitbedingte und vergängliche Spielart Gottes verstehen kann. Manche Religionen erlagen der Versuchung, durch Schrecken zu herrschen, wenn ihnen die Inspiration fehlte. Sie drohten mit Vergeltung im Jenseits oder mit einer schlimmen Wiedergeburt, mindestens aber mit Verbrennen der Leiber und Schriften.

3. Ein anderes Weltbild

Wir definieren, diagnostizieren, therapieren, philosophieren, theologisieren noch immer auf der Grundlage eines Welt- und Menschenbildes, das überholt ist.

Ich werde versuchen, an die Stelle eines naiven Homozentrismus und Geozentrismus ein anderes Menschen- und Weltverständnis zu setzen. Ich möchte dabei nicht überzeugen, sondern die Augen für eine neue Perspektive von Leben und Sterben öffnen. Oft ist es ein Erkenntnisschub, der unser Weltbild erschüttert. Einen solchen Erkenntnisschub brachten für mich meine persönlichen Erfahrungen der letzten Jahre und die Erkenntnisse der Naturwissenschaft. Dabei bin ich kein Naturwissenschaftler und verstehe nur sehr laienhaft die mathematischen Formeln und physikalischen Vorgänge. Wir haben uns im Westen einseitig entwickelt. Die Ratio dominiert in einer verheerenden Weise. Wir sind falsch erzogen. Erziehung sollte Vorbereitung auf die Inspirationen aus unserem tiefsten Wesen sein. Ratio und Psyche sollten Ausdrucksformen unseres wahren Wesens werden. Aber wir trainieren vom Kindergarten bis zur Habilitation nur unsere Ratio. Es wurde bisher noch kein

Curriculum entwickelt, um Menschen in eine umfassendere Bewusstseinsebene zu führen.

Mit einem Bild ließe sich dieses Weltverständnis erläutern: Es ist das Bild vom Tänzer und vom Tanz. Gott sehe ich als den Tänzer, der gleichsam das Universum tanzt. Seine Tanzschritte sind die Evolution. Tänzer und Tanz können nur zusammen auftreten. Es gibt keinen Tanz ohne Tänzer und keinen Tänzer ohne Tanz. Es gibt keine Form ohne Geist. Der Tanz ist zeitlos. Es gibt darin nicht Anfang und nicht Ende. Jeder Moment ist das Ganze und er ist vollkommen. Und nur im Augenblick können wir diese Wirklichkeit erfahren. Man tanzt nicht, um mit einem Tanz zum Ende zu kommen. Man tanzt um des Tanzes willen. In dieser psychosomatischen Form Mensch bin ich ein ganz individueller, unverwechselbarer, kostbarer Schritt dieser Urwirklichkeit. Darin liegt die Einmaligkeit und Bedeutung dieser meiner Existenz und darin liegt die Bedeutung aller möglichen Seinsweisen. Es ist immer die Urwirklichkeit, die sich in der jeweiligen Form ausdrückt, und es geht immer darum, sich als diese Urwirklichkeit zu erfahren.

4. Mystik – die Erkenntnisform der Zukunft

Die Konfessionen, der Glaube an eine Vorgabe, an eine Offenbarung werden dem abgesonderten, sich getrennt fühlenden Ich weiterhin Deutung und Halt geben und das Leben deuten und erleichtern. Sie geben Identität und Selbstbild. Sie verändern nicht notwendigerweise die Bewusstseinsebene des Menschen. Sie trösten das Ich und verheißen ihm in einem kommenden Leben die Lösung aller Probleme. Solange jemand an Dogmen und Verheißungen glauben kann, findet er Halt und Deutung seines Lebens und der Welt. Diese Vorgaben werden der mentalen Erkenntnis und dem psychischen Empfinden gerecht. Eine solche Praxis von Religion verspricht Vergebung, Ausgleich von Gut und Böse und verlegt das eigentliche Leben in die Zukunft, in einen Himmel, nach dem Tod. Das ist die am meisten verbreitete Religiosität.

Die neue Sichtweise vom Menschen beruht auf einer neuen Kartographie des menschlichen Bewusstseins. Mystik wird zur „Erfahrungswissenschaft“ werden. Das Personale macht darin nur einen kleinen Teil aus. Auf diesem personalen Teil fußt traditionell gesehen die Deutung und Sicht vom Menschen und von der Welt. Man huldigt, ohne sich darüber Rechenschaft zu geben, einem kaum überbietbaren Egozentrismus, Geozentrismus und Homozentrismus. Das alte Schema meinte, der Geist sei im Gehirn, Intelligenz sei im Nervensystem. Aber Bewusstsein ist nicht im Körper eingeschlossen, es reicht so weit wie der Kosmos. Es ist unendlich, drückt sich nur in lokalisierbaren Formen aus. Das alte Paradigma lautete: „Wir sind menschliche Wesen, die eine spirituelle Erfahrung machen“. Das neue Paradigma lautet: „Wir sind spirituelle Wesen, die eine menschliche Erfahrung machen.“

Christlich ausgedrückt heißt das: Wir sind göttliches Leben, das diese menschliche Erfahrung macht. Wir sind göttliches Leben, das sich inkarniert hat, das Mensch geworden ist, das sich eingegrenzt hat in diese Form. Das ist die Botschaft von der Inkarnation Gottes in Jesus. Wie in Jesus ist dieses göttliche Prinzip in jedem von uns Mensch geworden. Was wir Gott nennen, könnte man als ein Bewusstseinsfeld bezeichnen, das sich immer wieder materialisiert. Es kreiert den physischen Körper und das Universum. Gott kreiert sich selbst in jedem Augenblick.

Wenn wir unseren Mittelpunktswahn als Menschen aufgeben, wird klar, dass das Universum ohne uns zurechtkam und wieder zurechtkommen wird. Die Spezies Mensch wird eines Tages wieder verschwinden. Die Evolution vollzieht sich im kosmischen Rahmen von einem Vorbewusstsein über das personale Bewusstsein zum kosmischen Bewusstsein. Wir sind sicher nicht das einzige seiner Existenz bewusste Wesen im Kosmos. Es gilt hinter allen Strukturen jene Dimension zu erfahren, aus der alles kommt. Eckhart sagt: „Alles, was du da über deinen Gott denkst und sagst, das bist du mehr selber als er, du lästerst ihn, denn, was er wirklich ist, vermögen alle jene weisen Meister in Paris nicht zu sagen. Hätte ich auch einen Gott, den ich zu begreifen vermöchte, so wollte ich ihn niemals als meinen Gott erkennen. Darum schweige und klaffe nicht über ihn, behänge ihn nicht mit den Kleidern der Attribute und Eigenschaften, sondern nimm Ihn ‚ohne Eigenschaft', als er ein überseiendes Sein und eine überseiende Nichtheit ist." (Quint, Pred. 42)

Die großen religiösen Weisen aller Zeiten, deren Erfahrung man später als Religionen festgeschrieben hat, zeichneten sich durch eine kosmische Religiosität aus. Sie kannten kein Lehrgebäude und keinen Gott, der nach dem Bild des Menschen geschaffen wäre. Sie lehrten vielmehr, dass der Mensch nach dem Bilde Gottes geschaffen ist, d. h. dass sich dieses universale Leben im Menschen als Mensch manifestiert.

5. Krise der Religion

Es wäre Aufgabe der Religion, uns dieses Gottes-, Menschen- und Weltbild zu vermitteln. Auch Religionen haben mitzuwachsen. Sie sind Modelle, Landkarten, die uns für den wirklichen Weg Hinweise geben wollen. Sie müssen ihre Mythen, Bilder und Begriffe immer wieder hinterfragen und neu interpretieren. Religion gerät immer dann in eine Krise, wenn die vorherrschende Weltdeutung durch die Erfahrung aus einer höheren Ebene in Frage gestellt wird.

Heute ist es die mystische Ebene, die kognitive Aussagen der Religion hinterfragt. Immer mehr Menschen stehen an der Schwelle einer transpersonalen Erfahrung, ahnen oder erfahren eine Wirklichkeit, die sich mit den traditionellen, festgeschriebenen Aussagen ihrer Religion nicht mehr vereinbaren lässt. Die Deutung von Welt und Mensch in den Gottesbildern, Erlösungsvorstellungen, Glaubensinhalten haben für viele ihre Überzeugungskraft verloren. Reformatorische Versuche können nicht zum Zug kommen, da Vertreter anderer Deutungen als häretisch ausgeschlossen werden. Reformation allein führt die Religionen auch nicht aus ihrer prekären Lage heraus. Erneuerungsversuche, die nur Wiederholungen im alten System kennen, führen auf der einen Seite zu Fundamentalismus und auf der anderen Seite zu Ablehnung und Austritt aus der Glaubensgemeinschaft. Weil Dogmen und Moral, wie sie heute verkündet werden, oft nicht mehr der Erfahrungswirklichkeit der Menschen entsprechen, treten viele aus der Institution aus und suchen nach einer neuen Grundlage für ihr Leben. Nicht wenige finden sie in den esoterischen Wegen, die es in allen Religionen gibt, die aber nicht von allen gelehrt werden. Alle Weisen dieser Erde machten Erfahrungen in einem transpersonalen Bewusstseinszustand, auch Jesus. Sie mussten diese Erfahrungen, die nicht in der Begrifflichkeit und Bildhaftigkeit des Tagesbewusstseins stattfanden, ins Tagesbewusstsein der Menschen ihrer Zeit übertragen. Daher entsprechen ihre Interpretationen den jeweiligen religiösen, kulturellen, gesellschaftlichen und wissenschaftlichen Gegebenheiten ihrer Umgebung.

Was vor allem den theistischen Religionen Not tut, ist eine vertikale Veränderung, eine „Transformation“, wie Ken Wilber diese Entwicklung nennt. Er meint damit eine Neubelebung der Religionen durch die existentielle Erfahrung der Wahrheiten, die sie intellektuell vermitteln. Während die Transpersonale Psychologie längst den transpersonalen Bewusstseinsraum entdeckt hat und die Erfahrungen in diesem Bewusstseinsraum als heilende Impulse in der Therapie verwendet, warnen die Institutionen ihre Mitglieder oft vor spirituellen Wegen, die diesen Raum auch im religiösen Bereich erschließen. Die Wandlung des religiösen Bewusstseins oder die Transformation der Religion ist also ein Sprung von einer Ebene auf eine andere. Während sich die Reformation mit dem Herumschieben von Möbeln im selben Stockwerk vergleichen lässt, ist die Transformation mit dem

Umzug in ein anderes Stockwerk zu vergleichen. Das immer stärker werdende Bedürfnis nach universell-mystischer Überschreitung der Ich-Grenzen resultiert aus der Sehnsucht nach Lebenssinn, nach Ganzheit und Vollendung und hat eine universelle Religiosität zur Folge. Sie führt zu dem, was die Sophia perennis unter der transzendenten Einheit aller Religionen versteht.

Das Christentum bleibt eine unvollendete Religion, wenn es die Ebene der Kontemplation und Mystik nicht wieder erschließt. Wir brauchen die Mystik, um unsere Erde und die Menschen darauf heil in die Zukunft zu bringen. Mystik ist der Grundzug jeder Religion. Jeder mystische Weg ist ein Weg heraus aus dem engen konfessionellen Religionsverständnis. Das muss nicht einen Abschied von der Religion an sich bedeuten, wohl aber sprengt und übersteigt die Mystik alles, was Religion verdinglichen und festschreiben will. Östliche Religionen können dabei so oberflächlich und steril sein wie die westlichen. Beide müssen ständig von der mystischen Erfahrung her neu belebt werden. Selbst Theologen, die als Kritiker des Systems und der Lehre auftreten, bleiben oft noch auf der reformatorischen Ebene. Sie schenken der religiösen Erfahrung zu wenig Beachtung. Schröter-Kunhart hat wohl Recht, wenn er in der Zeitschrift „Psychologie Heute" Folgendes schreibt: „Marx (Religion als Opium für das Volk), Freud (Religion als Neurose) und Drewermann (Religion muss an die gängige Rationalität der Psychoanalyse angepasst werden) haben sich meiner Meinung nach geirrt. Religiöses Erleben beruht vielmehr auf einer biologischen Matrix, die jenseits der psychoanalytisch erreichbaren Schichten im Unterbewussten liegt und in ihrer heilsamen Potenz jede Psychoanalyse übertreffen kann. Die gängige Rationalität, an die sich viele Theologen krampfhaft anzupassen versuchen, erweist sich demnach als Reduktion der Wirklichkeit."

C. Transformation der Religion

1. Gott will erkannt werden

Was uns Not tut, ist eine radikal neue Interpretation des christlichen Glaubens im Sinne einer Transformation. Es wäre gut, sich dabei stärker an den Erkenntnissen der zeitgenössischen Naturwissenschaft zu orientieren. Wir erleben z.B. unseren Körper als fest und greifbar. In Wirklichkeit aber, so sagt uns die Naturwissenschaft, ist er so leer wie interstellarer Raum. Unser Körper gleicht dem Sonnensystem, in dem zwischen den einzelnen Himmelskörpern leerer Raum ist. Leerheit aber ist nicht Nichts. Sie ist die Fülle des nichtmateriellen Bewusstseins. Dieses nichtmaterielle Bewusstsein ist zeit- und raumlos, aber es drückt sich ständig in Zeit und Raum, in einem materiellen Körper aus. Wir sind nicht menschliche Fleischklumpen, die sich voneinander getrennt durch Raum und Zeit bewegen; wir sind immaterielles und zeitloses Bewusstsein, das sich in einen Körper eingegrenzt hat, sich darin erfährt. Im ständigen Kommen und Gehen aller Formen und Strukturen vollzieht sich das große Welttheater, Akt für Akt. Jede Form strebt zur Erfahrung der Einheit des Lebens, also zum Überschreiten ihrer Individualität. Nur in der Erfahrung des allem zugrunde liegenden Lebens erhält der Mensch eine Sinndeutung seiner individuellen Existenz. Alle anderen Deutungen lassen sich mit rationalen Argumenten zerschlagen. Religion sollte uns zur Erfahrung dieses Lebens verhelfen. Dies ist ihre vornehmste Aufgabe. Ihr Lehrgebäude sollte einzig im Dienst dieser Aufgabe stehen. Religion braucht erst in zweiter Linie Tempel und Kirchen. Sie sind Stätten, das zu feiern, was der Mensch zutiefst erfährt. Gott wird nicht auf diesem oder jenem Berg angebetet, sagt Jesus, sondern im Geist und in der Wahrheit. Das Reich Gottes ist nicht eine abgeschottete Gruppe von Menschen, die sich Christen nennen. Es schließt den ganzen Kosmos ein. Gott will erkannt, nicht verehrt werden.

2. Bedeutung der Psychologie und Psychotherapie

Die Psychologie erhellte uns die psychische Welt, Beziehungsstrukturen, Gefühle und verweist heute auch in den transpersonalen Bereich. Unser personales Bewusstsein ist nichts Fertiges. Es hat sich aus einem archaischen Vorbewusstsein entfaltet. Die entscheidende Hilfe für die Gesundung der Psyche scheint mir aus den transrationalen Bewusstseinsebenen zu kommen. Je tiefer der Mensch in diesen Bewusstseinsraum eindringt, desto mehr sieht er das Ganze und Eine und er erlebt diese ans Wunderbare grenzende Öffnung zum Anderen hin.

Der berühmte und allseits anerkannte Psychologe Maslow fragt in einem seiner Bücher, was den gesunden Menschen ausmache. Er hat in seiner therapeutischen Arbeit folgende Kriterien herausgefunden: 1. Der gesunde Mensch besitzt eine unverbrauchte Wertschätzung, grundlegende Lebensgüter wie Ehrfurcht, Freude, Staunen. 2. Er besitzt Gemeinschaftsgefühl, kennt Sympathie und Zuneigung. 3. Er hat eine demokratische Charakterstruktur und einen Humor, der philosophisch, aber nicht feindselig ist. 4. Er ist von einer mystischen Erfahrung geprägt und ging durch Ichverlust und durch die Erfahrung der Transzendenz. Maslow schreibt: „Ich habe viele Lektionen von diesen Leuten gelernt, aber eine ist hier von besonderer Bedeutung: Ich fand, dass diese Menschen häufig berichteten, so etwas wie mystische Erlebnisse gehabt zu haben (peak experiences), Momente von tiefer Ehrfurcht, Momente intensivsten Glücks oder sogar der Verzückung, Ekstase oder Seligkeit. Ich sage Seligkeit, weil das Wort Glück manchmal zu schwach ist, um diese Erfahrung zu beschreiben. (Nefiodow, S. 244)

C. G. Jung berichtet von seinen Patienten: „Unter allen Patienten jenseits der Lebensmitte, das heißt jenseits 35, ist nicht ein einziger, dessen endgültiges Problem nicht das der religiösen Einstellung wäre. Ja, jeder krankt in letzter Linie daran, dass er das verloren hat, was lebendige Religionen ihren Gläubigen zu allen Zeiten gegeben haben, und keiner ist wirklich geheilt, der seine religiöse Einstellung nicht wieder erreicht, was mit Konfession oder Zugehörigkeit zu einer Kirche natürlich nichts zu tun hat." (Jung, S. 362)

3. Mystik – Regression oder Erfüllung?

Das Gesagte könnte den Anschein erwecken, Mystik sei welt- und lebensverneinend. Welt- und Lebensverneinung waren besonders in der (christlichen) Mystik immer eine Gefahr, denn die Versuchung ist groß, diesen Leib und dieses Leben als Last und Einengung zu empfinden und in eine falsche Ichlosigkeit zu fliehen. Echte Mystik aber ist nicht regressiv. Sie flieht nicht in die uroborische Einheit eines falschen Paradieszustands. Im Gegenteil: Sie hat sich immer aus den Armen der Großen Mutter befreit. Während die uroborische Pseudo-Mystik anti-kosmisch, weltverneinend, ja weltverachtend ist, bejaht die wahre Mystik nicht nur Welt und Mensch, sondern auch das Ich und den Geschichtsprozess in der Zeit. Alles erfährt der Mystiker als Ausdrucksform der Urwirklichkeit. Sein kosmisches Bewusstsein lässt ihn nicht auf ein zukünftiges Jenseits warten. Die Vollendung liegt vielmehr im zeitlosen Jetzt. Sie ist nur verborgen. Wenn der Mensch seine fast kindhafte Homozentrik und Geozentrik überwunden hat, weiß er sich in den evolutionären Prozess, in dem sich das Göttliche entfaltet, eingebunden. „Visio beatifica", die selige Schau, bedeutet dann, alles Geborenwerden und Sterben, das Gute wie auch das so genannte Böse als Vollzug des Lebens Gottes im Hier und Jetzt zu erfahren. In allem ist die überfließende Schöpferkraft des Göttlichen. Dadurch, dass das Schöpferische schaffend und gebärend ist, ist es seinem tiefsten Wesen nach weltbejahend. Die Erfahrung dieser Wirklichkeit lässt auch den Mystiker schöpferisch und weltbejahend werden. Es ist die Schöpferkraft Gottes selber, die im Mystiker freigesetzt wird. Gott „offenbart sich wahrhaft und vollendet und ganz so, wie er ist, und erfüllt den Menschen so bis zum Überfluss, dass er ausquillt und ausfließt aus übervoller Fülle Gottes." (Quint, S. 277,25) Aus diesen Grundgegebenheiten leitet sich auch die Verantwortung des Menschen für die Welt ab.

Die Mystik spricht darum auch vom „Sakrament des Augenblicks". Coussade, ein mittelalterlicher Mystiker, kann daher in seinem Buch „Hingabe an Gottes Vorsehung" Folgendes schreiben: „‚Gott weilt wahrhaft an diesem Ort, und ich wusste es nicht', sprach einst Jakob. So suchst auch du Gott, und dabei ist er überall. Alles verkündet ihn dir. Alles schenkt ihn dir. Er ging dir zur Seite, er umgab dich, er durchdrang dich und weilte in dir ... und du suchst ihn! Du bemühst dich um eine Vorstellung von Gott und besaßest ihn dabei wesentlich. Du jagst der Vollkommenheit nach, indes sie in allem liegt, was dir ungesucht begegnet. In Gestalt deiner Leiden, deines Tuns, der Antriebe, die du empfängst, tritt dir Gott selber entgegen. Dieweil bemühst du dich umsonst um erhabene Vorstellungen, mit denen er sich nicht bekleiden will." (Caussade, S. 146) Aus dieser Erfahrung leitet sich die Weltbejahung, Weltverantwortung und Kreativität des Mystikers her.

4. Mystik – Ordnungsprinzip für die Gesellschaft oder Utopie?

Die Bedeutung der transpersonalen Bewusstseinsebene ergibt sich aus dem Vorangegangenen. Es gibt noch einige Punkte, die die Bedeutung der Sophia perennis herausheben sollen.

a) Es ist die nächste Stufe in der Evolution des menschlichen Bewusstseins. Dieses entwickelte sich aus einer archaischen, magischen, mythischen zu einer intellektuellen Stufe. Warum sollte es da stehen bleiben? Es geht also um eine Weiterentwicklung. Es geht um ein Mehr an Bewusstsein und ein Mehr an Leben und Menschsein.

b) Dort liegen die verwandelnden Kräfte. Es ist sehr schwer, einen Wandlungsprozess auf der gleichen Ebene zu erreichen, z. B. über gute Vorsätze: „Das tue ich nicht mehr" oder „Ich tue das und das in Zukunft". Moralische Appelle helfen uns offensichtlich nicht weiter.

c) Aus dem transpersonalen Bewusstseinsraum erhalten wir die Sinndeutung unseres Lebens. Sie ist auf der rationalen Stufe nicht befriedigend zu finden. Nur wenn wir erfahren, was wir wirklich sind, nämlich unsterblich und eins mit allem, werden wir die Frage nach Leben und Tod lösen. Das wollen uns die esoterischen Wege vermitteln.

d) Dort liegen auch die heilenden Prinzipien für unsere politischen, gesellschaftlichen und wirtschaftlichen Auseinandersetzungen. Unser spirituelles Erbe kann uns so weit befreien, dass wir nicht mehr mit Gewalt reagieren müssen. Die Wiederentdeckung der Sophia perennis fördert auf der individuellen Ebene einen Bewusstseinswandel, der gesellschaftliche Relevanz besitzt.

e) Die Wiederentdeckung der Sophia perennis bringt Anerkennung und Unterstützung gesellschaftlicher Werte als entscheidendes Kriterium für unser Zusammenleben. Sie mündet in ein ökumenisches Selbstverständnis auch unter den Weltanschauungen.

f) Die Wiederentdeckung der Sophia perennis hilft, das Gleichgewicht zwischen den Bedürfnissen des Individuums und der Allgemeinheit zu finden und normative Grundlagen als gemeinsame Basis des Zusammenlebens anzuerkennen. Sie bringt eine wertbegründete Verankerung des Menschen im Absoluten. Der Wandlungsprozess beginnt beim Individuum. Es geht zunächst nicht um eine Veränderung von außen, sondern darum, die Krankheiten der Psyche in sich selbst zu erkennen und zu heilen.

Der Kosmos ist mit einem Netz zu vergleichen. Der Einzelne ist nur eine Masche und doch, ganz gleich an welcher Masche man zieht, gerät das ganze Netz in Bewegung. So ist die Änderung des Einzelnen nie ohne Einfluss auf das Ganze. Die eigentliche Konsequenz bleibt also „Bildung der Psyche“, indem man Potenzen im Menschen weckt, die allein eine neue Ordnung konstituieren können. Viele Grundwerte, die allein eine Gesellschaft tragen können, sind einem modernen Credo des Individualismus geopfert worden, das sich mit dem Schlagwort „Selbstverwirklichung“ tarnt. Noch sind Menschen, die in der Sophia perennis leben, in unserer Gesellschaft eine Minderheit. Von dieser Minderheit aber hängt es ab, tiefere Schichten des Bewusstseins zu aktivieren und in die Gesellschaft einfließen zu lassen. Was hoffnungslos aussieht, scheint sich in einer gewissen Akzeleration zu entwickeln.

VII. Religion in der Postmoderne

1. Erschütterungen der Menschheit

Der Mensch hat durch die Forschung im Inneren der Atome und in der Tiefe des intergalaktischen Raumes keinen Sinn für sein Dasein gefunden. Die Ratio sagt uns nicht, warum dieses Weltall und wir existieren. Von der Warte der Ratio aus gesehen, macht das Universum keinen Sinn, es erscheint absurd. Die Grenzen wissenschaftlicher Wahrheitserkenntnis und auch die Grenzen ethischer Orientierung aus der Ratio und aus der Religion werden uns gegenwärtig immer stärker bewusst. Eine konfessionsgestützte Orthopraxis reicht vielen Menschen nicht mehr aus. Sie sind auf der Suche nach dem Urgrund, aus dem das Leben fließt. Das ist die Geburtsstunde der Sehnsucht nach Spiritualität. Die uralte Frage des Menschen wird nicht zuletzt deswegen heute leidenschaftlicher gestellt als je: Warum bin ich Mensch? Was ist der Sinn meines Lebens? Woher komme ich? Wohin gehe ich? Die Gewissheit, dass es eine höhere Wirklichkeit gibt und dass der Mensch zu ihr Kontakt aufnehmen kann, um Sinndeutung des Lebens zu erhalten, ist im Wachsen.

Wir leben in einer erwachenden Welt, in der immer mehr Menschen ihr tiefstes Selbst erfahren und darin auch die Antwort auf ihre Lebensfragen finden. Sie lernen, ein Potential in sich zu erschließen, das über das Mentale hinausreicht, um daraus ein authentisches Leben zu leben.

Die letzten Jahrhunderte haben den Menschen zwar einige wichtige Einsichten gelehrt. Sie brachten ihm aber auch eine bittere Kränkung seines naiven Stolzes und seines omnipotenten Verhaltens auf diesem Planeten. Sie beleidigten und erschütterten sein Ego bis in den innersten Kern.

Es begann mit Kopernikus und Galilei. Sie hoben die Erde und damit den Menschen aus dem Mittelpunkt des Weltalls und führten in das postkopernikanische Dilemma, nur ein peripherer, zufälliger und unbedeutender Bewohner in einem riesigen Kosmos zu sein.

Darwin und seine Evolutionslehre entthronten den Menschen in seiner Einzigartigkeit. Er entwickelte sich wie alle anderen Wesen aus den Urformen des Lebens.

Freud und Jung relativierten die Psyche. Der Mensch musste die bittere Einsicht gewinnen, dass er nicht Herr im eigenen Haus ist, dass ihn vielmehr tiefliegende, archetypische Kräfte wesentlich mitbestimmen und dass apriorische Strukturen eine gewisse Autonomie besitzen. Persönlichkeitstheorien, wie sie vor allem auch von den Religionen vertreten wurden, kamen ins Wanken. Denn das Unbewusste, das langsam ans Tageslicht kam, tangierte auch die Religion.

Die Naturwissenschaft zwang uns zur Erkenntnis, dass wir nur als Teil des Ganzen existieren. Das Ganze und Eine ist der Ausgangspunkt. Die Masche macht nur im Netz Sinn und die Welle nur im Ozean und der Mensch nur bezogen auf das ganze Universum. Jedes Atom ist mit jedem Atom im Universum verbunden. Der Beobachter ist vom Beobachteten nicht zu trennen. Das Individuum nimmt Einfluss auf das Ganze und umgekehrt. Der Mensch kreiert seine Welt. Was wir wahrnehmen, ist etwas anderes als die Wirklichkeit. Nichts ist, was es zu sein scheint.

Ein paar Zitate aus der Naturwissenschaft sollen das erläutern: „Jeder Partikel beeinflusst die Tätigkeit aller anderen." – „Die Struktur der Materie kann nicht vom Bewusstsein unabhängig sein." – „Wir müssen jetzt darauf gefasst sein, dass alle Stellen des menschlichen Gehirns durch Quantenbewegung mit allen anderen Stellen des Universums verbunden sind." – „Jede Interaktion zwischen Geist und Materie hebt die Unterscheidung zwischen Objekt und Subjekt auf. Die Unterscheidung zwischen ‚Ich' und ‚Es' ist nicht mehr möglich und wir können die Wirklichkeit als eins und allbezogen betrachten."

Die nächste Erschütterung zeigt sich in der Unfähigkeit, Kriege zu verhindern. Das fürchterliche 20. Jahrhundert, in dem die Menschen versuchten, sich gegenseitig umzubringen, scheint sich fortzusetzen.

Die Welt ist nicht, was wir sehen, hören und intellektuell begreifen. Sie ist vielmehr ein Sonderfall, aufgebaut auf ganz speziellen Organen, auf der mehr oder weniger zufälligen Struktur unserer Sinne und unseres Intellekts. Auf Grund unserer Gestaltwerdung kreieren wir eine ganz bestimmte Welt. Das Bild, das wir uns von der Welt machen, ist kein absolutes. Andere Lebewesen erfahren die Welt auf Grund ihrer Gestaltwerdung anders. Engel, wenn es sie geben sollte, haben ein anderes Weltbild. Wesen auf anderen Sternen, sollte sie es geben, haben ein anderes Weltbild. Wir können nicht annehmen, dass sie unsere Sinnesorgane und die Arbeitsweise unserer Großhirnrinde entwickelt haben.

Die Grenzen wissenschaftlicher Wahrheitserkenntnis und auch die Grenzen ethischer Orientierung aus der Ratio und aus der Religion werden uns gegenwärtig immer stärker bewusst. Der Mensch findet durch die Forschung im Inneren der Atome und in der Tiefe des intergalaktischen Raumes keinen Sinn für sein Dasein. Die Erkenntnisse der Wissenschaft sind systeminterne Berechnungen, die außerhalb dieser Kreation keinen Sinn machen.

2. Sehnsucht nach Spiritualität

Das ist die Geburtsstunde der Sehnsucht nach Spiritualität. Die Gewissheit, dass es eine höhere Wirklichkeit gibt, mit der unser wahres Wesen eins ist, das uns die Sinndeutung des Lebens schenkt, ist im Wachsen. Wir erkennen mehr und mehr, dass wir nur als plurale Gesellschaft auf diesem Planeten leben können. Die Entwicklung unserer Spezies war bis jetzt geprägt von Individualismus und Egozentrismus. Wir sind dabei, eine entartete Spezies zu werden. Die Evolution ist nicht zimperlich. 99 Prozent aller Spezies, die es einmal auf diesem Planeten gab, sind ausgestorben, sagt uns die Naturwissenschaft. Man kann aussterben, weil man nicht genug Wasser, Luft oder Nahrung hat, man kann auch aussterben, weil man sich im Egoismus und Narzissmus verloren hat. Die Darwinsche Entwicklungslehre meinte eine Zeitlang, dass nur der mit dem giftigsten Stachel und dem größten Gebiss überleben würde. Sie täuschte sich, überlebt hat und überleben wird auf diesem Planeten das Biotop. Nur wenn wir uns als Menschheit in diesem Sinn verstehen, werden wir überleben. Der Kosmos ist ein holistisches Gebilde. Es gibt nur eine Ko-Evolution.

Stalin, Hitler, Mao, Pol Pot, das sind nur die herausstechenden Namen, die sich als Plagen der Menschheit herauskristallisiert haben –, aber auch die Stammeskämpfe in Afrika, die Verarmung vieler Menschen in Lateinamerika, und der Anstieg der Kriminalität auf der ganzen Welt zwingen zur Frage nach den Grundlagen für eine Hominisierung des Menschen. Angesichts eines so ungeheuerlichen Versagens geht die Frage nach der Menschenbildung und „Menschenzähmung“ um. *(Sloterdijk)* Sie lassen die verzweifelte Frage nach dem Sinn von Erziehung aufkommen. Gibt es eine Möglichkeiten für eine Sozialisierung des Menschen und seine „Domestizierung“? Wie bauen wir das „Haus des Menschen“? *(Heidegger)* Wie erreichen wir ein menschenwürdiges Zusammenleben? Die „Zähmung des Menschen“ geschieht offensichtlich nicht über Moral, Gebote und Verbote. Wir brauchen nicht nur Regeln, um unser Zusammenleben zu regulieren. Wir benötigen Erkenntnis und Quellen für motivierende Kräfte.

Wie kann der Mensch zu einem wahren und wirklichen Menschen werden? Der Mensch ist eben mehr als ein Animal rationale. Er kann nicht in biologischer und zoologischer Definition beschrieben werden. Ich meine aber auch nicht, dass der Mensch ontologisch etwas anderes sei als das Tier oder die Pflanzen. Wir partizipieren alle an der gleichen Dimension des Seins als einer „ekstatischen Existenz“. (*Heidegger*) Um diese ekstatische Existenz zu erfahren, muss der Mensch stiller werden und in seiner Tiefe suchen.

Evolution ist Ko-Evolution. Wir haben als Menschheit einen wichtigen Lernschritt vor uns. Wir wissen heute, dass niemand und nichts gesondert existiert. So wenig wie der Finger einer Hand ohne den Körper existieren kann, so wenig kann irgend etwas in diesem Kosmos allein existieren. Wir können nicht eintreten in dieses Geschehen, wir sind in diesem kosmischen Geschehen. Ja, wir sind dieses kosmische Geschehen. Wir sind der Vollzug dessen, was wir Menschen Gott, Sunyata, Allah, Brahman nennen. Wie bei einem Fischernetz hängt alles zusammen. Keine Masche ist isoliert. Ganz egal an welcher Ecke des Netzes man zieht, das ganze Netz gerät in Bewegung. In ihm ist alles gefangen, das Gute wie das Böse, Engel, Teufel, Mensch, Tier, Pflanze, Materie.

Es geht nicht in erster Linie um die individuelle Entfaltung der Persönlichkeit, sondern um die Ko-Evolution mit dem ganzen Universum. Es gibt im großen System des Kosmos einzelne Organisationsmuster, so wie es das Blutsystem mit Herz und Adern in unserem Körper gibt. Allein macht es keinen Sinn. Nur im Körper erfüllt es seinen Zweck.

Als Spezies Mensch bilden wir ein solches untergeordnetes Organisationsmuster. Dadurch sind wir von vielen anderen Erscheinungsformen abhängig. Nur im Zusammenhang mit dem ganzen Kosmos machen wir Sinn. Eine solche Erkenntnis bewahrt uns vor der Hybris, wir seien die Mitte des Universums, und auch vor der Angst, bedeutungslos unterzugehen. Richtig verstanden, sind wir dadurch auch so etwas wie die Mitte, weil das Ganze ohne uns nicht existieren will.

In diesem kosmischen Geschehen kann man sich nicht allein entwickeln. Wer sich allein außerhalb der allgemeinen Vernetzung entwickeln will, isoliert sich und schadet dem Organisationsmuster und letztlich sich selber.

Die Krebszelle, die rücksichtslos wächst, schadet am Ende sich und dem ganzen Körper. Wir sind Teil unserer Beziehungsstrukturen und die Beziehungsstrukturen sind Teile von uns. Im übrigen kann auch niemand ganz aussteigen. Der Entwicklungsprozess vollzieht sich in ständigem Austausch mit unserer äußeren Umgebung und unseren innerseelischen und transpersonalen Prozessen. Individualität und Ganzheit schließen sich nicht gegenseitig aus. Sie sind ko-existent, so wie das Blutsystem in unseren Adern ko-existent mit unserem ganzen Körper ist.

Ko-Evolution bedeutet nichts anderes als Wachsen in Beziehung und Gemeinschaft, in Beziehung mit dem Lebenspartner und mit der Volksgemeinschaft und der Völkergemeinschaft. Wir brauchen das Gegenüber zur Selbstwerdung. Wir brauchen den ganzen Kosmos zur Selbstwerdung. Wir werden Mensch in der Begegnung. Selbstverwirklichung wird mehr und mehr zur Ko-Evolution. Je mehr wir uns verwirklichen, desto weniger grenzen wir uns autonom ab, umso mehr können wir uns in Liebe zu allem Anderen öffnen.

Ko-Evolution bedeutet auch die Entfaltung eines kollektiven menschlichen Bewusstseins. Was das ist, lässt sich schwer erklären. Vielleicht hilft der Vergleich mit einem Vogelschwarm, der plötzlich wie auf ein Kommando die Richtung wechselt. Das Kommando kommt nicht von außen. Es muss eine innere Verbindung vorliegen, die über die Sinne hinausgeht. Kollektives Bewusstsein könnte bedeuten, dass wir uns so sehr mit allen Menschen identifizieren, wie mit uns selber. Es würde unser Abgespaltensein überschreiten und uns die Möglichkeit des Verbundenseins mit allem geben. Wir würden wie ein Vogelschwarm auf Schmerz und Freude reagieren. Es gibt wohl in unserem Innern einen Resonanzboden, auf dem alle Menschen gleichzeitig angesprochen werden können. Sheldrake nennt es „das morphogenetische Feld“. Wir wären dann nicht mehr die Gefangenen unserer Vorstellungen und Absichten, sondern würden mit allen fühlen. Den Zugang zu diesem morphogenetischen

Feld zu finden, ist ein wichtiger Entwicklungsschritt. Hier finden die Transpersonale Psychologie und vor allem die Religion und eine transkonfessionelle Religiosität ihre eigentlichen Arbeitsfelder.

Solange die Illusion eines getrennten Ichs besteht, besteht auch der Gegensatz zwischen Mensch und Natur. Wer die Welt nur aus der Sicht seines Ego-Gefängnisses betrachten kann, also aus der Sicht seiner Begierden und Bedürfnisse, bleibt abgesondert. Wer sich auf seine Wesensmitte beziehen kann, erfährt sich nicht mehr vereinzelt, sondern als das Eine.

Wir stehen in einem gewaltigen, übergreifenden Prozess und das Ziel dieses Prozesses ist die Selbstverwirklichung des Einen, ich drücke es jetzt religiös aus: des göttlichen Prinzips in der Vielzahl der individuellen Formen. Das Universelle verwirklicht sich im Individuellen und das Individuelle im Universellen.

Die Frage lautet, wie können wir dieses göttliche EINE erkennen und im Alltag verwirklichen? Zu unserem Reifungsprozess als Spezies brauchen wir die Erfahrung dessen, was wir Liebe nennen. Vieles, was uns heute Bestandteil einer religiösen Mottenkiste zu sein scheint, wie Demut, Ertragen, Verzeihen, Annehmen, bekommt seine wahre Bedeutung erst in der Erfahrung der Einheit. Gerechtigkeit allein kann die Zerwürfnisse der Menschheit nicht heilen. Unsere persönlichen Dramen, die sich so in den Vordergrund spielen, sind unnötiger Kraftverbrauch und unnötige Leidensquellen. Wir schleppen zu viel Abgrenzung mit, was unsere Schritte so schwer macht.

Die Grundstruktur der Evolution ist Selbsttranszendenz. Die Naturwissenschaft spricht vom Holon und vom Ganzen. Ein Holon ist auf der einen Seite ein Ganzes und auf der anderen Seite Teil von etwas anderem, z. B. ist ein Atom ein Holon, ein Teil von einem Ganzen, einem Molekül. Ein Molekül ist ein Holon und Teil einer Zelle, und die Zelle ist ein Teil eines größeren Organismus. Nichts ist ausschließlich ein Holon, ein Teil oder ausschließlich ein Ganzes. Es gibt nichts, was entweder – oder wäre. Jedes Holon ist Teil und ist ein Ganzes. Es hat daher zwei Tendenzen: Es muss sowohl für seine Identität und für die Ganzheit einstehen. Ein Holon muss also seine Identität aufrechterhalten, es muss sich aber auch seiner Beziehung zum Ganzen bewusst sein. Je mehr es zu einer Seite neigt, um so stärker verliert es die andere Seite.

Wenn ein Holon nicht beides aufrechterhalten kann oder will, also seine Identität als Teil verliert oder seinen Bezug zum Ganzen, verliert es auch an Bedeutung. Die Vielheit entspringt dem Einen und das Eine offenbart sich als die vielen Dinge. Holone dürfen sich aber nicht nur horizontal entwickeln, sondern auch auf der vertikalen Ebene.

Die Selbsttranszendenz bleibt im Materiellen nicht stehen. Sie schließt auch größere Holone ein, in denen Bewusstsein als das ordnende Prinzip zum Tragen kommt. Geist, Bewusstsein, Gottheit, Sunyata transzendiert alle Holone und durchdringt sie gleichzeitig alle. Holone bilden immer neue Organismen, bis der Organismus sich zur Geistigkeit hin entfaltet hat. Die Evolution wird nicht stehen bleiben. Was uns Not tut, ist ein holistisches, kosmisches Selbst-Verständnis.

Wir sind wirklich Kinder des Kosmos, nicht im Sinne von E. T. oder eines Science-fiction-Romans. Wir sind von unserem Wesen her mit allem vernetzt. Das Vernetzende nennt die Mystik Einheit (Leerheit).

Unser Gewissen ist ein Seismograph. Es mahnt uns, wenn wir uns der Selbsttranszendenz verweigern. Gewissen scheint mir nichts anderes zu sein als der existentielle Trieb, der die Verbundenheit mit dem Ganzen aufrecht erhält. Moral ist die tiefliegende Erkenntnis, dass wir uns ins kosmische Gesetz einzugliedern haben. Wenn ich das ungewöhnliche Wort „Trieb“ hier gebrauche, dann meine ich diese innere Tendenz zum Ganzen und Einen hin, die zum Wesen der Evolution gehört. Dieser Trieb hat für mich etwas tief Religiöses. Er ist ein wesentlicher Faktor im Evolutionsprozess. Er hilft, die Differenzierung von

Subjekt und Objekt zu überwinden und führt zu größeren Organismen. Nur in der Überwindung des Dualen und im Erleben der Einheit werden wir die Entfremdung zurücklassen und uns als eins erfahren. Diesen Trieb nannten die Religionen seit alters „Liebe“ oder „Mitgefühl“. Wer ihm nicht folgt, verschließt sich gegen das Ganze und scheidet aus der Evolution aus. Wenn Religionen ihre wahre Aufgabe erkennen, haben sie ihre Wahrheiten aus der Grundstruktur der Evolution entwickelt.

Liebe ist die Finalität des Atoms. Charon, ein französischer Naturwissenschaftler und Nobelpreisträger, nennt diesen „Trieb“ der Selbst-Transzendenz „Finalität des Atoms“. Es ist eine Finalität, die ständig zum Größeren hin drängt, aber keine Finalität, die Ende und Abschluss bedeutet. Er scheut sich nicht, diese Finalität „Liebe“ zu nennen. Selbst ein Atom hat bereits eine Tendenz, sich zum Molekül hin zu öffnen. Jedes Holon hat eine Tendenz zum größeren Holon. Die Evolution drängt zur Selbsttranszendenz. Liebe ist die Grundstruktur des Universums, nicht Liebe als Gebot, sondern Liebe als Grundstruktur der Universums. Wer sich nicht öffnen kann zum anderen hin, bleibt verkrüppelt und kann nicht wachsen. Wer sich der Selbsttranszendenz verschließt, geht unter. Narziss aus der griechischen Tradition ist das typische Beispiel dafür. Er ertrinkt in seiner Egozentrik.

Das Mysterium des Bösen scheint mir nichts anderes zu sein als die Egozentrik des Menschen und die Verweigerung der Selbsttranszendenz. Diese Egozentrik offenbart das Mysterium dessen, was wir böse nennen. Das Böse hat mit Moral zunächst nichts zu tun. Es ist die Verweigerung, sich zum Ganzen hin zu öffnen, die Verweigerung, das Ego zu überschreiten und sich evolutionsgerecht zu verhalten. Wenn wir das Evolutionsgeschehen verfolgen, dann bedeutet ein Mangel an Selbsttranszendenz die Ursache für den Untergang.

3. Unsere Überlebensstrategien

Liebe und Mitgefühl sind die bewegende Kraft des Universums. Da setzen unsere Möglichkeiten an. Das morphogenetische Feld Mensch wird auch von uns geprägt. Auch unsere Aggressivität, unser Egozentrismus, unsere negativen Impulse werden dort gespeichert und wirken sich dort aus. Die Frage ist: Was kann effektiv getan werden für diese Menschheit und was kann jeder von uns beitragen?

Wir sind fähig, dieses morphogenetische Feld Mensch durch unsere positive Haltung zu beeinflussen. Wir sind uns über diese Möglichkeiten effizienter Felder im transpersonalen Raum noch viel zu wenig bewusst. Wir rechnen nur mit physischen oder psychischen Energien für den Wandlungsprozess. Ich bin überzeugt, dass diese Energien, die wir mit Wohlwollen und Liebe aussenden, effektiver sind als Demonstrationen, Proteste, Revolutionen und Kriege. Bevor es zu einer Revolution kommt, entsteht ein Feld, das die Menschen kreieren. Es wirkt sich als Revolution aus. Genauso kommt es zu einem wirklichen Frieden erst durch das Feld der Liebe und des Wohlwollens, das wir als Menschen kreieren. Es wirkt sich aus als Friede und Verstehen.

Hier sollten wir mit unseren Überlebensstrategien für unsere Spezies einsetzen und Einfluss auf den Gang der Welt nehmen. Wir sind, seitdem wir Geist haben, zu Ko-Kreatoren geworden. Wir beeinflussen unseren eigenen Entwicklungsprozess als Menschen. Die Wirklichkeit erscheint dadurch in einem ganz neuen Licht. Neben den Naturgesetzen gibt es lebendige, nicht voraussagbare Abläufe des Geschehens. „Gott“ folgt nicht einem sterilen, blutleeren Determinismus. Wir können unsere Zukunft beeinflussen. Aber nicht Gebote, Gesetze und Strafandrohung sind unsere Rettung, nicht Krieg, Revolution, Demonstration und Protest sind unsere wirklichen Mittel.

„Der Mensch der Zukunft wird ein Erwachter sein oder er wird nicht sein.“ Aber was heißt das? Wirkliche Hilfe kann der

Mensch nur von seinem Inneren her erwarten, wenn er „hinabsteigt in den Seelengrund“. Dort erfährt der Mensch ein Einssein aller Geschöpfe und eine tragende Liebe. Durch diese Erfahrung wird er von Innen her gewandelt. Er weiß sich eingebettet in die Ordnung und Harmonie der Schöpfung, weiß, dass er eine Epiphanie des Göttlichen ist, dessen Leben er und seine Mitgeschöpfe leben. Aus der Einheitserfahrung heraus, in die uns eine postmoderne Religiosität führen kann, werden wir uns zu einem Homo sapiens entwickeln.

Je tiefer meine Erfahrung, um so größer mein Mitgefühl, charakterisiert sich diese Erfahrung selber. Viele Menschen sind „aufgewacht“, unsere nächste Entwicklungsstufe führt uns in eine neue Ebene des Erkennens. Die Menschheit macht als Ganzes einen spirituellen Entwicklungssprung; die Evolution dessen, was wir Abendländer Gott nennen, schreitet voran. Religionen und religiöse Organisationen allein schaffen es momentan nicht mehr, dem größten Teil der Menschen Führung zu geben. Der Mensch ist nicht mehr zufrieden mit vorgesetzten Glaubensbotschaften. Er will selbst erfahren, er will authentisch werden.

Alle Religionen zeigen Wege in die Erfahrung dessen, was die heiligen Bücher verkünden. Im Islam ist es der Sufismus, im Judentum die Kabbala, im Hinduismus der Yoga, im Buddhismus Zen, Vipassana, im Christentum Kontemplation und Mystik. Weltverantwortung kann nur der tragen, der im Innersten erfahren hat, was er zutiefst ist, einer, der die Zusammenhänge von Individuum und Ganzheit erfasst hat.

Eine neue Erkenntnismöglichkeit bahnt sich an, die wir die transpersonale, die a-perspektivische (Jean Gebser) oder die mystische nennen. Eckhart spricht von einer Empfänglichkeitsanlage, die wachsen muss. Rumi meint, dass dieser Mangel von der Begrenzung des Bechers kommt. Unser Becher ist zu klein, wir können daher von Gott, wie wir diese Urwirklichkeit nennen, nicht mehr erfahren. Er spricht auch vom Fenster. Wir haben unser Fenster zu erweitern, um das Licht der Erkenntnis einzulassen. Wie erweitern wir unsere Empfänglichkeitsanlage, wie vergrößern wir das Fenster der Erfahrung der Wirklichkeit? Das zu lernen bleibt unsere dringende Aufgabe. Nur dadurch werden wir uns aus einer entarteten Spezies zu Ko-Kreatoren entwickeln.

Religionen sind Landkarten. Jeder mystische Weg ist ein Weg heraus aus dem engen konfessionellen Religionsverständnis. Das muss nicht einen Abschied von der Konfession bedeuten, wohl aber sprengt und übersteigt die Mystik alles, was Religion verdinglichen und festschreiben will. Religion ist nur eine Landkarte, die den Weg in die mystische Erfahrung zeigen soll. Leider aber lehrt die Religion ihre Anhänger im allgemeinen nur, mit dem Finger auf der Landkarte zu fahren, statt sie auf ihren eigenen Weg durch die Landschaft zu entlassen.

Die Ratio tut sich schwer mit einer solchen Weltsicht. Es ist das Welt- und Gottesverständnis der Sophia perennis, der ewigen Weisheit, wie sie in allen Religionen anzutreffen ist. Sie kommt aus der Erfahrung der Wirklichkeit, nicht aus dem Nachdenken. Diese Weltsicht erfordert Mut zur Metaphysik. Mystik ist transmental, transhistorisch. Eine transhistorische Erfahrung des Universums erwartet auch keine Erfüllung am Ende der Zeiten, sondern eine Erfüllung im Hier und Jetzt. Der Sinn des Lebens liegt nicht in dem, was vor uns liegt und auch nicht in dem, was hinter uns liegt. Er liegt im zeitlosen Augenblick. Hier und jetzt ist alles eine Epiphanie des göttlichen Urprinzips. Das Eine und Unteilbare ist das einzig Wirkliche. Einmalig und einzigartig offenbart sich diese Wirklichkeit in unserer Person. Alles Personale ist eine Ausdrucksform des Einen. Was wir Gott nennen, offenbart sich als Kommen und Gehen, als Geborenwerden und Sterben.

4. Das 21. Jahrhundert

Das 21. Jahrhundert wird ein Jahrhundert der Metaphysik werden. Vorreiter wird nicht die Theologie sein, sondern die Naturwissenschaft. Sie wird den Theologen sagen, dass das, was sie Gott nennen, über alles hinausgeht, was sie von ihm sagen. Wahrscheinlich kommen die eigentlichen Impulse von außen. Institutionen besitzen im allgemeinen nicht mehr die Kraft, sich von innen zu erneuern. Es ist ein neues Paradigma in der Religion im Entstehen: Ich bin nicht Materie, die eine spirituelle Erfahrung macht. Ich bin diese göttliche Wirklichkeit, die diese menschliche Erfahrung macht. Ich bin eine individuelle Ausdrucksform einer universalen Wirklichkeit. Die Kirchen werden sich erneuern, nicht von oben nach unten, sondern von unten nach oben.

Die Frage ist nicht: Braucht der Mensch noch Religion? Der Mensch ist Religion. Was wir Gott nennen, grenzt sich ein als Mensch, vollzieht sich als Mensch. Gott will nicht verehrt werden, Gott will gelebt werden. Der Spieler des Universums sitzt nicht draußen. Er ist das Spiel.

Der mystische Weg ist nicht Regression, er ist Erfüllung unseres Menschseins. Es geht um ein Mehr an Menschsein. Menschsein mit allen Potenzen, die uns möglich sind. Es geschieht durch die Integration des Personalen ins Sein. Mystik ist daher ihrem Wesen nach revolutionär. Sie gibt sich mit dem Status quo nicht zufrieden. Sie bleibt der ständige Jungbrunnen der Religion. Sie steht positiv zur Glaubensgemeinde (Kirche), weil sie aus der Einheitserfahrung lebt. Mystik ist aber deswegen nicht konfessionsgebunden. Mystik übersteigt in der Erfahrung den konfessionellen Rahmen. Es gibt eine transkonfessionelle Spiritualität. Es gibt eine säkulare Mystik. Ja, es gibt eine Spiritualität ohne personalen Gott.

Zum Schluss ein Wort von Karl Rahner: „Der Fromme von morgen wird ein Mystiker sein, einer, der etwas ‚erfahren' hat, oder er wird nicht mehr sein, weil die Frömmigkeit von morgen nicht mehr durch die ... einstimmige, selbstverständliche öffentliche Überzeugung und religiöse Sitte aller mitgetragen wird, die bisher übliche religiöse Erziehung also nur noch eine sehr sekundäre Dressur ... sein kann." – „Die Mystagogie muss von der angenommenen Erfahrung der Verwiesenheit des Menschen auf Gott hin das richtige Gottesbild vermitteln, die Erfahrung, dass des Menschen Abgrund der Abgrund Gottes ist." (Rahner, Schriften zur Theologie, S. 22 f.)

Er fügte dem allerdings noch etwas sehr Ernüchterndes hinzu. Wenn er zu seiner eigenen religiösen Gemeinschaft sprach, pflegte er zu betonen, dass die Christenheit, sofern sie nicht mystisch geprägt ist, keine Überlebenschancen hat und ausstirbt. (Rahner, Mystical Experience, S. 90 f.)

Nachwort

Nur selten sprach ich über meine eigenen Erfahrungen. Meist habe ich sie in abstrakte Formulierungen übersetzt. Man bat mich, doch auch einmal mehr persönlich darüber zu sprechen. Einmal kam ich an die Grenze, wo der physische Leib sein Ende erkennt. Ich war bereit zu sterben. Aber es war kein Zu-Ende-Kommen, es war ein Eingeladenwerden in eine umfassendere, beglückendere Wirklichkeit. Eine unglaubliche Stille entstand. Ich könnte auch sagen: eine absolute Leere. Aber die Leere hatte eine Qualität. In ihr war kein Ich. Zurück im Ichbewusstsein kann ich sagen, die Leere hatte einen „weiblichen Zug". Sie war z. B. überaus freundlich und einladend. Ich hatte das Gefühl, sie neckt mich. Sie lud mich ein, zu ihr zu kommen. Aber die Zeit zu gehen war noch nicht da. Wenn ich hinüber wollte, wurde mir klar bedeutet, Hinüberwollen ist nicht möglich. Du musst gerufen werden. – Es gab keine Spaltung mehr. Die Dinge waren, was sie sind. Draußen schrie eine Krähe. Krah, Krah ... sonst nichts. Es kann nichts anderes sein, als es ist. Die vom Intellekt geschaffene Scheinrealität hob sich auf. In der Stille gab es keine Bilder mehr und alle Worte, die das erklären wollen, sind missverständlich.

Da war kein Gott. Da war nur Unendlichkeit. Das ganze technokratische, systeminterne, theologische Glaubensgebäude schmolz zusammen. Was zurückblieb, war die Gewissheit, dass ich nicht das bin, was ich gemeint habe zu sein und dass alles aus der Essenz kommt, die wir Leerheit, Gottheit, das Eine nennen. Eine tiefe Ehrfurcht vor allem und eine heilige Ehrfurcht vor mir selber, vor meiner eigenen Würde, ergriff mich. Diese Erkenntnis war gepaart mit einer großen Demut.

Und noch etwas wurde mir klar: Im Handeln des Terroristen steckt auch meine Wut und meine Aggression. Nichts ist getrennt in diesem Lebensstrom. Alles, was wir tun und denken, wirkt auf das Feld Mensch ein. Unser Lebenswandel hilft anderen oder hindert andere. Und das nicht so sehr auf der materiell-psychischen Ebene, sondern auf der transpersonalen Ebene. Es gibt ein Feld Mensch, an dem wir alle partizipieren. Und die Konsequenz daraus: Nicht mein aktives Handeln wird die Welt verändern, sondern meine Liebe. Am Ende unseres Lebens werden wir nicht bestraft, wir dürfen erkennen, wie sehr wir gegen die Liebe verstoßen haben.

Die Erfahrung führte in eine große Freiheit, die mit Willensfreiheit nichts zu tun hat. Es ist das unbeschreibliche Freisein von intellektuellen und psychischen Bindungen, die den Sinn des Menschseins und den Sinn von Gemeinschaft neu erfahren lässt. Sie führt zu einer unwiderstehlichen Berufung und Beauftragung, das Erfahrene weiterzugeben. Platos Höhlenmensch, der ans Tageslicht kommt, muss wieder in die Höhle, um den Bewohnern dort die erfahrene Wirklichkeit zu verkünden.

Theologie erhielt einen ganz neuen Hintergrund und damit eine ganz neue Ausdeutung. Es ist der Hintergrund, aus dem alle Theologie kommt und auch heute kommen sollte, nicht aus dem Wissen, sondern aus der Erfahrung dessen, was in den Büchern steht. Die Aussagen der großen Weisen begannen zu leuchten. Jeder Absolutheitsanspruch erschien lächerlich.

Auch die Tiere erhielten plötzlich eine ganz andere Nähe. Bäume und Pflanzen leben wirklich. Gleichzeitig wird aber auch eine Schöpfungsordnung erkennbar. Das „Niedere“ hat dem „Höheren“ zu dienen. Pflanzen, Bäume und Tiere erhalten uns am Leben. Der Mensch darf sich davon ernähren. Aber er tut es mit großer Ehrfurcht im Umgang mit ihnen.

Texte traten anschließend in mein Bewusstsein. Ein Wort von Eckhart: „Wenn ich in den Grund, in den Boden, in den

Strom und in die Quelle der Gottheit komme, so fragt mich niemand, woher ich komme oder wo ich gewesen sei. Dort hat mich niemand vermisst." Von Rumi stammt Folgendes: „Bevor es Garten, Weinstock oder Traube gab in dieser Welt war unsere Seele bereits trunken vom Wein der Unsterblichkeit."

Oft hatte ich im Sesshin rezitiert: „In einem einzigen Bewusstseinsmoment schauen wir sämtliche Kalpas. – Nichts anderes sind sie als das nackte Jetzt. Durchschaust du im Jetzt diesen einzigen Bewusstseinsmoment, durchschaust du im selben Moment den Schauenden selbst."

Eckhart kam mir später in den Sinn: „Wer Gott schauen will, muss blind sein". (Q413,29) „Darum bitte ich Gott, dass er mich Gottes quitt mache, denn mein wesentliches Sein ist oberhalb von Gott, sofern wir Gott als Beginn der Kreaturen verstehen. Denn in demselben Sein Gottes, in dem Gott über allem Dasein und über aller Unterschiedenheit steht, da war ich selbst, da wollte ich mich selbst und da erkannte ich mich selbst, diesen Menschen zu schaffen. Darum bin ich meinem Sein nach, welches ewig ist, Ursache meiner selbst, nicht aber aufgrund dessen, was ich erst geworden bin, denn das ist zeitlich. Und darum bin ich ungeboren und darum kann ich niemals sterben. Aufgrund meines Ungeborenseins bin ich ewig gewesen und bin jetzt und werde ewig bleiben. Was ich durch meine Geburt bin, das wird sterben und zunichte werden, denn es ist vergänglich. Darum muss es mit der Zeit vergehen. In meiner Geburt wurden alle Dinge geboren und ich war Ursache meiner selbst und aller Dinge. Und hätte ich gewollt, so wäre weder ich, noch wären alle Dinge, und wäre ich nicht, so wäre auch Gott nicht. Dass Gott Gott ist, dafür bin ich die Ursache." (Q 308,5) – Solche Texte können nur aus einer tiefen Einheitserfahrung heraus entstehen.

Es wurde mir klar, dass sich in dieser Erfahrung auch die wirkliche Ethik gründet. Es ist die Ethik der Liebe, die kein Du und kein Zweites kennt. Was ich dem anderen antue, tue ich mir an. Ich bin krank in meinem Nachbarn und bettle im Bettler auf der Straße. Auch der Terrorist ist nicht ausgeschlossen. Auch durch ihn fließt dieser leuchtende Strom göttlichen Lebens. Sein Handeln ist Mangel an Erkenntnis, Mangel an dieser Einheitserfahrung, die bedingungslose Liebe ist.

Manche Sätze aus dem Glaubensbekenntnis und der Schrift begannen zu leuchten. „Gott von Gott, Licht vom Lichte, wahrer Gott vom wahren Gott". Aber das bezieht sich nicht nur auf Jesus. Der ganze Kosmos ist die Inkarnation dieser Wirklichkeit, die wir Gott nennen. Leerheit und Form sind nur zwei Aspekte des Einen. Zwei Enden an einem Stab. Eigentlich existiert nichts. Es ist alles leer. Nichts besitzt Permanenz. Und gleichzeitig gewinnt die ganze Schöpfung an Bedeutung.

An Jesus können wir ablesen, wer wir sind: Söhne und Töchter Gottes, Kinder des ewigen Vaters. Das sind Bilder und Metaphern, die wir zu deuten haben. Eckhart drückt es mit dem Wort „Gottesgeburt in der Seele" so aus: „Und es gebiert der Vater seinen Sohn in der Seele in derselben Weise, wie er ihn in der Ewigkeit gebiert und nicht anders ... Er gebiert mich als seinen Sohn und als denselben Sohn. Ich sage noch mehr: Er gebiert mich nicht allein als seinen Sohn; er gebiert mich als sich und sich als mich und mich als sein Sein und als seine Natur ... Was Gott wirkt, das ist eins; darum gebiert er mich als seinen Sohn ohne jeden Unterschied ... und ich bin derselbe Sohn und nicht ein anderer." (Quint, S. 185,25)

Wir sind gottesgestaltig. Die Väter hatten noch den Mut, das zu sagen. Wir haben den Trennungsgraben zwischen Gott und Welt zu weit aufgerissen. Klemens von Alexandrien schreibt: „Der göttliche Logos ist Mensch geworden, damit wir von einem Menschen lernen können, wie ein Mensch vergöttlicht werden kann". Es gehe darum, so schreibt er, hier in dieser irdischen Wirklichkeit bereits „Gott zu werden" und „als ein Gott im Fleische umherzugehen". Und der Kirchenlehrer Basilius wagt den Gläubigen zu sagen: „Es ist uns aufgegeben, Gott gleich zu werden nach dem Vermögen der menschlichen Natur." Und Eckhart predigt: „Er (Jesus) ist aus dem Grund Mensch geworden, dass er (Gott auch) dich als seinen eingeborenen Sohn gebäre und als nicht weniger… Denn deine menschliche Natur und seine (Jesu Christi) haben keinen Unterschied." – Gott grenzt sich ein in diese unsere menschliche Natur. Wir können von ihm nur so viel erfassen, wie wir fähig sind. Einheit mit Gott bedeutet einen dynamischen Lebensprozess, der auf unsere Umwandlung ausgerichtet ist und auf die der Welt. Eckhart würde sagen: Wir sollen „Gott in uns Gott sein lassen". Aus der Erfahrung Gottes soll ein „Gott-Leben" werden. Damit werden wir in den Alltag verwiesen, wo alle Mystik beginnt und endet.

Die Zukunft der Religion liegt in einer integralen Spiritualität (Sophia perennis)

Wir leben in einem Zeitalter, in dem konfessionelle Gebundenheit in den Religionen sehr nachlässt, gleichzeitig aber eine tiefe Sehnsucht nach der religiösen Dimension spürbar wird. Zahlreiche Menschen, unabhängig von Alter, Geschlecht und sozialer Zugehörigkeit, sehnen sich nach dieser religiösen Dimension in ihrem Leben, wissen aber gleichzeitig, dass die Einübung in diese Dimension von den bestehenden Kirchen und Konfessionen nicht geleistet wird, ja offensichtlich nicht gewollt ist. Viele suchen daher in östlichen Religionen eine neue geistige Heimat. Dort wird ihnen aber häufig mit dem spirituellen Weg auch wieder, ob es ihnen nun bewusst wird oder nicht, eine Konfession mit Ritualen und Vorstellungen vermittelt, die sie im Grunde nicht suchen.

Integrale Spiritualität ist keine neue Religion, Konfession o.ä., sondern eine ideelle Weggemeinschaft von Menschen, die fest im Leben stehen und in der spirituellen Dimension nicht nur die Grundlage aller Religionen sehen, sondern die Grundlage des Lebens überhaupt. Die Essenz der Religionen ist nämlich weniger das Lehrgebäude, als vielmehr die Erfahrung der

Wirklichkeit, auf die in Konfessionen verwiesen wird. – Wer in seiner Konfession bleiben will, wird durch den spirituellen Weg darin bestärkt. Sein religiöses Selbstverständnis wird sich vertiefen und wandeln. Spiritualität wird so zur personalen Aneignung einer Heilsbotschaft, die auf keine Konfession gegründet ist. Es ist die Lebenskraft, die sich im Kosmos vollzieht. Die „Ur-Energie", die allen Formern und Strukturen Gestalt gibt.

Integrale Spiritualität bedeutet ein Einschwingen in das kosmische Gesetz. Was wir Gott nennen, ist nicht außen. Gott ist das Innerste des evolutionären Geschehens. Gott ist dem Geschehen immanent. Die Wahrheit und Wirklichkeit liegt jenseits aller Konzepte religiöser oder philosophischer Art. Dieses Jenseits ist aber kein Platz, kein fester Standort. Der feste Standort ist nur das Jetzt, in dem sich diese Urwirklichkeit, die wir Gott, Leerheit, Brahmann, Allah nennen, manifestiert. Nur wenig Menschen können in dieser freien Luft leben. Sie suchen Sicherheit in der Religion, die ihnen auf weite Strecken hin Lebenshilfe und Deutung des Lebens ist. Aber Spiritualität übersteigt letztlich jede Konfession. Sie führt in einen Bewusstseinsraum jenseits des Glaubens. Sie übersteigt jedes Bekenntnis. Das aber macht sie gefährlich für jede Institution, die vom Bekenntnis lebt. Sie führt in ein Erkennen, das frei ist von Meinungen und Vorstellungen. Prajna, Weisheit ist damit gemeint. Es ist ein Erkennen, das auf der Abwesenheit von Begierde, Aggression und Ignoranz beruht. Die spirituellen Wege sind eine Art Zähmung der Ratio und der Psyche, damit ein Erwachen möglich wird. Sein Leben im Einklang mit dieser Urwirklichkeit zu leben, das ist Spiritualität.

Zum Begriff der Integralen Spiritualität

1. Integrale Spiritualität ist Achtsamkeit in allen Dimensionen des Lebens, die das Individuelle und Personale übersteigt und als gestaltender Hintergrund im Leben des Einzelnen präsent ist. Sie übersteigt das Individuelle und Persönliche und schließt es gleichzeitig mit ein. Ihr Ziel ist die Erfahrung

transpersonaler Bewusstseinsräume, die im Alltag als tragende Grundlage des gesamten Lebens wirksam werden.

2. Spiritualität ist eine Dimension des Menschseins, die zusammen mit Körper, Psyche und Intellekt das Leben wesentlich bestimmt. Sie ist in allen Menschen als Potenz angelegt und kann durch Übung von Schweigen, Hingabe und Liebe entfaltet werden.
3. Spiritualität ist **integral,** weil sie die anderen Dimensionen des Menschen, nämlich Körper, Psyche und Intellekt mit einschließt. „Integrale Spiritualität" ist eigentlich eine Tautologie – eine „nicht-integrale Spiritualität" wäre ein Widerspruch in sich. Spiritualität soll Einheit erfahrbar machen, sie lebt aus dieser ganzheitlichen Sicht in allen Bereichen des Lebens und erkennt immer mehr die Ordnungen, die sich aus der non-dualen Sicht der Wirklichkeit ergibt.
4. Spiritualität kann „trans-konfessionell" sein. Sie lässt sich aber auch konfessionell innerhalb eines Bekenntnisses leben. Spiritualität wird diese Konfession als einen möglichen Ausdruck interpretieren. Daneben können auch andere Formen bestehen.
5. Spiritualität ist qualitativ etwas anderes als Psychologie oder Psychotherapie. Sie schließt – als eine integrale Dimension – die psychische Ebene des Menschen aber mit ein. Sie möchte den Ich-Bereich durchlässiger machen. Es geht in der Spiritualität sowohl um das Transzendieren des Ego, als auch um seine Einbettung in umfassendere Bewusstseinsräume.
6. Spiritualität zielt als „Sophia perennis" letztlich auf die Erfahrung der Non-Dualität des Seins. Sie bringt Sinn, Verbundenheit und Gemeinschaft, wobei der „Bezugspunkt" weder im persönlichen Ich noch im persönlichen Du liegt, sondern in jener Dimension, die beide mit einschließt. Daraus erwachsen auch ethische Kräfte für die Bewältigung des Lebens und für ein plurales Zusammenleben.
7. Spiritualität schafft ein Bewusstsein für moralische Werte, die in die Erziehung einfließen und für demokratisches Handeln in unserer Gesellschaft unentbehrlich sind.

Bücher zum Thema

Baumer-Despeigne, O., Hadewijch von Antwerpen, Frauenfeld 1988

Caussade, J., Hingabe an Gottes Vorsehung, Zürich 1981

Cleary, T., Der Mond scheint auf alle Türen, München 1989

Dürr, H. (Hrsg.), Gott, der Mensch und die Wissenschaft, Augsburg 1997

Dürr, H. (Hrsg.), Physik und Transzendenz, Bern 1986

Esser, W., Philosophische Gottsuche, München 2002

Ganoczy, A., Chaos – Zufall – Schöpfungsglaube, Mainz 1995

Ganoczy, A., Suche nach Gott auf den Wegen der Natur, Düsseldorf 1992

Garma C. C. Chang, Mahamudra-Fibel, Octopus Verlag 1979

Gesänge des tanzenden Gottesfreundes, Texte zum Nachdenken, Herderbücherei 679

Görg, M., Nilglanz und Heiliger Geist, Düsseldorf 1997

Hollenweger, W., Geist und Materie, München 1988

Johannes vom Kreuz, Gesammelte Werke, Einsiedeln 1964

Jung, C. G., Gesammelte Werke, Bd. 11, Zürich 1963

Jung, C. G., Zur Psychologie westlicher und östlicher Religion, Bd. II, Olten 1971

Kabir, Im Garten der Gottesliebe, Heidelberg 1984

Leon-Dufour, X., Als der Tod seinen Schrecken verlor, Olten 1981

Lex Lexikon, Eins mit Gott, Knaur 4252, München 1992

Naudascher, E. (Hrsg.), Lesebuch zu bedrängenden Fragen unserer Zeit II, Karlsruhe 1985

Nefiodow, L., Der sechste Kondratieff, St. Augustin 2000

Neumann, E., Kulturentwicklung und Religion, Frankfurt a.M. 1978

Nietzsche, F., Ecce homo, IT 290

Nikolaus von Kues, Studienausgabe III

Pfeiffer, F., Meister Eckhart, Aalen 1962

Quint, J., Meister Eckhart, München 1979

Quitton, J. & Bogdanov, G., Gott und die Wissenschaft, Artemis & Winkler 1991

Rahner, K., Mystical experience and mystical theology, in: Theological Investigations, Vol. 17, New York 1981, S. 90-99

Rahner, K., Schriften zur Theologie, Benziger 1997

Reps, P., Zen Flesh, Zen Bones, Doubleday 1959

Schimmel, A., Rumi, Friedrichs Gelbe Reihe 1982

Schmid, G., Die Mystik der Weltreligionen, Stuttgart 1990

Sheldrake, R., Das Schöpferische Universum, Goldmann TB 14014

Shibayama, Z., Zen im Gleichnis und Bild, Bern 1974

Sloterdijk, P., Mystische Zeugnisse, DG 100

Sloterdijk, P., Weltrevolution der Seele, Zürich 1993

Swimme, B., Das Universum ist ein grüner Drache, Claudius 1991

Up from Eden, Anchor Press / Doubleday, New York 1981

Vogelsang, F. (Hrsg.), Theresa von Avila – Die Innere Burg, Zürich 1979

Wilber, K., (Hrsg.), Das holographische Weltbild, Bern 1986

Wilber, K., Halbzeit der Evolution, München 1984

Wilber, K., Mut und Gnade, Scherz Verlag 1992

Zukav, G., Die tanzenden Wu Li Meister, Rororo 7910, 1985

Willigis Jäger bei Herder

Geh den inneren Weg
Texte der Achtsamkeit und Kontemplation
Band 4862

Willigis Jäger ist einer der bedeutendsten spirituellen Lehrer unserer Zeit: tief verwurzelt mit einem kontemplativen Christentum und vertraut mit dem radikalen Weg der östlichen Leere.

Die Welle ist das Meer
Mystische Spiritualität
Hg. von Christoph Quarch
Band 5046

Mystik, was ist das – ganz praktisch? Eine Sicht, die enge Grenzen sprengt und den tiefen Reichtum auch anderer religiöser Kulturen erschließt.

Kontemplation
Gott begegnen – heute
Band 5278

Schritt für Schritt zeigt der Autor den Weg auf, der darin besteht, loszulassen und sich einzulassen auf Erfahrungen des Göttlichen.

Aufbruch in ein neues Land
Erfahrungen eines spirituellen Lebens
Hg. von Christoph Quarch/Cornelius von Collande
Band 5381

„Aufbruch" ist nicht allein Bild für den inneren Weg, sondern für den Mut, immer wieder Sicherheiten aufzugeben und das Wagnis einer neuen Existenz einzugehen.